微文化环境下
大学生价值观研究

周静 著

WEIWENHUA HUANJING XIA
DAXUESHENG JIAZHIGUAN YANJIU

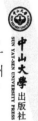

中山大学出版社
·广州·

版权所有　翻印必究

图书在版编目（CIP）数据

微文化环境下大学生价值观研究/周静著. —广州：中山大学出版社，2019.6

ISBN 978-7-306-06608-4

Ⅰ.①微… Ⅱ.①周… Ⅲ.①大学生—思想政治教育—研究—中国 Ⅳ.①G641

中国版本图书馆 CIP 数据核字（2019）第 073446 号

出 版 人：	王天琪
策划编辑：	高惠贞
责任编辑：	张　蕊
封面设计：	曾　斌
责任校对：	罗雪梅
责任技编：	何雅涛
出版发行：	中山大学出版社
电　　话：	编辑部 020-84111997，84113349，84110779
	发行部 020-84111998，84111981，84111160
地　　址：	广州市新港西路 135 号
邮　　编：	510275　传　真：020-84036565
网　　址：	http://www.zsup.com.cn　E-mail：zdcbs@mail.sysu.edu.cn
印 刷 者：	虎彩印艺股份有限公司
规　　格：	787mm×1092mm　1/16　12.5 印张　250 千字
版次印次：	2019 年 6 月第 1 版　2019 年 6 月第 1 次印刷
定　　价：	45.00 元

如发现本书因印装质量影响阅读，请与出版社发行部联系调换

内容摘要

文化与价值观是一对紧密联系、高度相关的范畴和概念。一方面，文化构成价值观生成的重要环境，价值观的形成和塑造离不开文化环境这一客体状态的影响和作用。另一方面，价值观是文化的核心，价值观的内容和品格会对文化环境建设产生重要作用，这决定了文化的基本性质和状态，特别是核心价值观对文化具有引领作用。运用马克思主义的基本理论，厘清文化与价值观的辩证统一关系，是本书研究的逻辑起点和理论基础。

当前，微文化环境已经成为影响大学生价值观生成的重要环境。微文化鼓励个性风格的张扬，强调自主情感的表达，主张自我价值的实现，使人们拥有了更多表达思想的空间，日益成为当今社会一种新兴的、重要的文化形态。从技术维度考察，微文化具有简洁性、即时性和互动性的特征。从精神维度考察，微文化具有后现代性、去中心性和平等性的特征。从主体性维度考察，微文化具有个性化、大众化和圈群化的特征。微文化从生活方式、交往方式、认知方式三个方面实现了对人的存在方式的新拓展，其价值意蕴主要体现在时空界限的完全突破、民主政治的广泛参与和个体关注的全面提升。

"纸上得来终觉浅，绝知此事要躬行。"考察微文化环境对当代大学生价值观的影响，探寻当代大学生价值观变迁背后的微文化因素，还须在理论分析的基础上进行实证研究。运用量的研究方法，自编调查问卷"微文化对大学生价值观的影响"，选取了广东省10所高校的大学生为调查对象，发放调查问卷，统计调查结果。运用质的研究方法，对20位大学生进行深入访谈，形成了20个记录卡。此外，还精心挑选笔者的10位大学生微信好友，对他们2018年1—6月的微信朋友圈发文条数、发文内容进行跟踪分析，考察了他们的价值观念和行为。实证调查结果最终显示：微文化对大学生政治价值观的影响表现在政治关注渠道多样化、政治参与平台广阔化、政治价值评价标准困惑化、政治情感倾向功利化；微文化对大学生道德价值观的影响表现在道德主体意识凸显、道德责任感增强、道德价值尺度模糊、道德失范行为频发；微文化对大学生交往价值观的影响表现在交往范围扩大化、交往手段便捷化、交往情感冷漠化、交往主体异化；微文化对大学生学习价值观的影响表现在学习观念自主化、学习精神创新化、学习思维浅表化。

透过现象看本质。微文化之所以对大学生的价值观造成巨大影响，就是因为它以其特殊的方式、途径和环境影响了大学生的价值观念和价值行为。微文化影响大学生价值观的具体过程，是一个由文化传播者通过微媒介、微平台发送信息，然后由大学生接收或接受，使大学生的价值观念、思维方式、行为习惯等发生变化的过程，主要经历信息→注意→判断→选择→互动→认同→内化→新的价值观→行为等阶段。微文化影响大学生价值观的主要特点是渗透性、感染性和交互性。微文化影响大学生价值观的主要规律有需要驱动规律、交叉传播规律和圈层互动规律。

微文化的快速发展和全面渗透，对大学生价值观培育提出了新的挑战。如何在微文化环境下提高大学生价值观培育的实效性，是当前思想政治教育工作的重要课题。微文化环境下大学生价值观培育的总体要求是要满足大学生自身的内在需要、凸显人的生存与发展的本源价值、注重提高大学生的现实价值观念。培育的基本原则包括主导性与多样性相结合的原则、自律性与他律性相结合的原则、现实性与虚拟性相结合的原则、灌输性与主体性相结合的原则。培育的具体路径有微文化空间的话语权重构、微文化平台的价值观渗入、微文化沟通的机制完善、微文化环境的合力优化。

总之，本书运用马克思主义基本理论，以文化与价值观的内在关系为逻辑起点，结合我国当前社会生活的微文化方式和大学生价值观变迁的实际，全面挖掘了微文化对当代大学生政治价值观、道德价值观、交往价值观、学习价值观造成的积极影响和消极影响，在此基础上揭示出微文化影响大学生价值观的过程、特点和规律，最终提出了微文化环境下大学生价值观培育的总体要求、基本原则和具体路径，希望能够借此提高当代大学生价值观培育的针对性和实效性，帮助大学生树立正确的价值观，促进青年大学生自由而全面地发展。

目 录

第一章 导言 …………………………………………………… 1
  一、研究背景和意义 ……………………………………… 2
  二、国内外研究综述 ……………………………………… 5
  三、研究方法和目标 ……………………………………… 14

第二章 文化与价值观的内在逻辑关联 …………………… 23
  第一节 理论基础阐述 …………………………………… 24
    一、社会存在与社会意识的关系理论 ………………… 24
    二、环境与人的关系理论 ……………………………… 26
  第二节 文化与价值观的内在关系 ……………………… 28
    一、文化构成价值观生成的重要环境 ………………… 28
    二、价值观是文化的核心 ……………………………… 34

第三章 大学生价值观形成的微文化环境 ………………… 37
  第一节 大学生价值观概述 ……………………………… 38
    一、大学生价值观的概念和特点 ……………………… 38
    二、大学生树立正确价值观的重要意义 ……………… 40
  第二节 什么是微文化 …………………………………… 43
    一、微文化的概念和功能 ……………………………… 43
    二、微文化的主要表现形态 …………………………… 49
    三、微文化的价值意蕴 ………………………………… 57
  第三节 微文化的三维特征 ……………………………… 61
    一、技术之维 …………………………………………… 61
    二、精神之维 …………………………………………… 63

三、主体性之维 …………………………………………… 65
 第四节　微文化对人的存在方式的新拓展 ………………… 66
  一、微文化拓展人的生活方式 …………………………… 67
  二、微文化拓展人的交往方式 …………………………… 68
  三、微文化拓展人的认知方式 …………………………… 73

第四章　微文化影响大学生价值观的现状透视 ………… 77
 第一节　微文化对大学生政治价值观的影响 ……………… 78
  一、政治关注渠道多样化 ………………………………… 78
  二、政治参与平台广阔化 ………………………………… 82
  三、政治价值评价标准困惑化 …………………………… 85
  四、政治情感倾向功利化 ………………………………… 87
 第二节　微文化对大学生道德价值观的影响 ……………… 89
  一、道德主体意识凸显 …………………………………… 90
  二、道德责任感增强 ……………………………………… 92
  三、道德价值尺度模糊 …………………………………… 96
  四、道德失范行为频发 …………………………………… 99
 第三节　微文化对大学生交往价值观的影响 ……………… 102
  一、交往范围扩大化 ……………………………………… 102
  二、交往手段便捷化 ……………………………………… 105
  三、交往情感冷漠化 ……………………………………… 106
  四、交往主体异化 ………………………………………… 108
 第四节　微文化对大学生学习价值观的影响 ……………… 110
  一、学习观念自主化 ……………………………………… 110
  二、学习精神创新化 ……………………………………… 112
  三、学习思维浅表化 ……………………………………… 113

第五章　微文化影响大学生价值观的规律探寻 ………… 115
 第一节　微文化影响大学生价值观的具体过程 …………… 116
  一、信息的注意 …………………………………………… 116
  二、判断和选择 …………………………………………… 117
  三、信息互动 ……………………………………………… 117

四、认同和内化……118
 第二节　微文化影响大学生价值观的主要特点……120
  一、渗透性……120
  二、感染性……122
  三、交互性……124
 第三节　微文化影响大学生价值观的根本规律……126
  一、需要驱动规律……126
  二、交叉传播规律……128
  三、圈层互动规律……129

第六章　微文化环境下大学生价值观培育的应对与创新……131
 第一节　微文化环境下大学生价值观培育的总体要求……132
  一、满足大学生自身的内在需要……132
  二、凸显人的生存与发展的本源价值……134
  三、注重提高大学生的现实价值观念……135
 第二节　微文化环境下大学生价值观培育的基本原则……137
  一、主导性与多样性相结合的原则……137
  二、自律性与他律性相结合的原则……138
  三、现实性与虚拟性相结合的原则……139
  四、灌输性与主体性相结合的原则……140
 第三节　微文化环境下大学生价值观培育的具体路径……141
  一、微文化空间的话语权重构……142
  二、微文化平台的价值观渗入……146
  三、微文化沟通的机制完善……149
  四、微文化环境的合力优化……151

结语……156

参考文献……158

附件……171
 附件一："微文化对大学生价值观的影响"调查问卷……172

附件二："微文化对大学生价值观影响研究"访谈提纲……………… 175
附件三：访谈记录卡…………………………………………………… 177
附件四：2018 年 4 月广州某大学网络工程专业 1 班
　　　　微信群活动情况记录表………………………………………… 183
附件五：微信朋友圈跟踪记录卡……………………………………… 187

后记…………………………………………………………………………… 190

第一章 导言

一、研究背景和意义

近年来,与移动互联网、数字化技术和智能手机的迅速发展相伴随,以微博、微信、微课、微电影、微公益等的广泛应用为标志,我们进入了"微时代"。"微时代"产生"微文化"(Micro Culture)。微文化的逐渐兴起并蔚然成风,是现代科学技术和文化现象的一次新的"世纪联姻",形成了人类文化发展史上的新景观。微文化鼓励个性风格的张扬,强调自主情感的表达,主张自我价值的实现,使人们拥有了更多的表达思想的空间,正日益成为当今社会一种新兴的、重要的文化形态。

曾几何时,我们的文化是以"大"为特征、以"大"相标榜的。在现代大工业时期"福特主义"思想的指导下,"大"成为备受人们推崇的文化理念和发展诉求。我们追求大规模、大生产、大消费……但同时也必须承受大粗糙、标准化、无个性导致的后果。标准化、大规模的产品制造已使人们厌倦,也压抑了人的个性本身。与此同时,后现代主义、网络经济、信息社会的来临,却让我们发现了"微"的魅力和"小"的美好。移动互联网技术的发展把我们带入微交往、微传播的微时代,我们逐渐体会到,"微"其实是一种更亲切、随和、灵活,更个性化和人性化的生活样态和文化风格。"微"不仅是一种文化理想和审美理想,更标志着我们这个时代政治、经济、文化、生活样态的转型①。

微文化的快速发展和广泛应用极大地改变了人们的生活方式、交往方式和消费方式。微博、微信等"微媒介"成为人们重要的文化创作、传播和消费舞台,"微视频""微小说"凭借其短小精悍、言简意赅的形式和内容在社会上广泛流行,"微公益"给人们提供了一个"聚沙成塔、奉献爱心"的平台,"微支付"已经成为人们最常用的支付方式,"出门不用带钱包,带上手机就够了"成为人们的口头禅,各种"微课""微讨论"层出不穷,大行其道……可以说,微文化已经完全浸入和深刻影响了人们的生活。

大学生是微文化的见证者和主要传播者。微文化的形成和发展,给大学生的学习、工作、生活、娱乐带来了丰富和便捷,同时也对他们的价值观念和行为产生了深刻的影响,呈现出许多新变化和新动向。大学生作为

---

① 陶东风:《理解微时代的微文化》,载《中国图书评论》2014年第3期。

接受高等教育的一个群体，他们具备比其他群体更强的接受新事物、新知识的能力和愿望。微文化对大学生的主体意识、民主精神、创新精神的培养有着积极的促进作用。但大学生总体还处于青春发展期，价值观尚未定型，个体理性选择能力和辨别善恶能力还不成熟，这使得他们在价值观的选择和取舍上容易陷入误区。

我们必须看到，微文化下流行的碎片化阅读、功利化选择和泛娱乐化趋向，容易导致大学生的价值观发生扭曲，出现价值取向多元化、价值判断功利化、价值选择模糊化等消极影响，这对当前主流意识形态的建设造成了极大挑战，对社会主义核心价值观的传播和培育形成了直接的冲击。因此，面对微时代、微文化日新月异的发展，如何紧密结合当代社会发展的最新趋势，进一步弄清微文化对大学生价值观的影响及其影响规律，并探索微文化环境下大学生价值观培育的应对策略，是适应微时代发展需要、有效开展高校社会主义核心价值观建设的关键，也是当前高校思想政治教育工作所面临的重要而紧迫的课题。

总的来说，本书主题"微文化环境下大学生价值观研究"是对社会实际提出的重大思想理论问题的积极回应，具有重要的学术价值和应用价值。

（一）学术价值

1. 从微文化的角度为大学生价值观教育的理论研究提供了一个新的研究视角，有助于拓展价值观教育的载体理论和环境理论的研究

微文化的产生和发展，已经成为当代大学生价值观形成不可回避的载体、场域和环境。本书运用马克思主义相关理论，研究了微文化对当代大学生价值观影响的现状和规律，必将深化和拓展大学生价值观教育的载体理论和环境理论研究。

2. 丰富了传统的思想政治教育理论研究，使之与时俱进

时代在发展，社会在前进，思想政治教育的理论研究也应该紧密结合大学生思想、环境变化的实际，做到与时俱进。本书在研究中根据微文化的特点，提出了适应微文化环境发展的价值观教育理论和方法，如"以学生为中心""满足大学生需要"等，丰富了传统的思想政治教育理论研究。

3. 对微文化的研究，还能发展、丰富社会主义先进文化理论

微文化本质上是一种亚文化、非主流文化，它与主流文化、先进文化存在着融合、平行和背离三种关系。我国的社会主义文化代表了先进文的发展方向。对微文化的研究，可以在新的时代背景下为社会主义先进文化注入新的研究内容。本书在研究中提出加强社会主义核心价值观对微文化的引领，使其早日融入主流文化，最终实现当代大学生自由而全面的发展，这将进一步发展、丰富社会主义先进文化理论。

（二）应用价值

1. 为国家制定关于文化发展的相关政策提供理论依据

文化的本质属性是一种意识形态。党和国家高度重视文化，特别是网络文化、微文化的发展。本书坚持以加强对虚拟世界的主导权来加强对现实世界意识形态领域的领导权，使主流意识形态、核心价值观与微文化相互渗透乃至融合，从而引领微文化的发展方向，有助于贯彻落实党中央"推动社会主义文化大发展大繁荣"目标的实现，并为国家制定关于文化发展的相关政策提供理论依据。

2. 为高校深入开展大学生价值观教育提供实践支持

大学生目前是微文化的主要生产者、传播者，是微博、微信等的主要应用者，本书通过探析微文化与大学生价值观的内在关系，提出相应的对策建议，一方面，可以帮助高校教师和辅导员了解微文化影响大学生价值观的思想实际，把握学生思想变化的脉搏，积极开展教育引导，为高校和相关行政部门、教育部门制定微文化影响下的价值观教育策略提供实践支持。另一方面，微文化的发展为大学生价值观教育提供了新的载体、方法和环境。本书的研究有利于高校正确认识和尽快应用好微文化平台，形成新型的价值观教育模式，切实增强大学生思想政治教育的实效性。

3. 为大学生正确认识并合理利用微文化提供裨益

大学生是国家的未来和希望，他们的价值观教育在国民价值观教育体系中占有举足轻重的地位。在当前大学招生规模不断扩大、"微"时代突飞猛进的背景下，本书的研究，可以帮助大学生提高辨识能力，在正确认识微文化的基础上，引导他们合理利用并积极参与建设校园"微文化"，最终助力大学生形成正确的政治价值观、道德价值观、交往价值观、学习价值观等。

二、国内外研究综述

(一) 国内外学者微文化研究综述

美国学者尼葛洛庞帝早在其 1996 年出版的《数字化生存》一书中就明确指出：数字化、网络化、信息化将会给人类带来一种全新的生存方式。2006 年，美国第一家微博网站——Twitter 网站成立。2008 年，此网站开始盛行，这可以看作"微文化"的源起。但是，目前为止，未见到与"微文化"直接相关的研究成果，间接相关的研究成果主要有：①关于 Twitter 的研究。国外对 Twitter 的研究主要从传播学角度，侧重其作为媒体的传播功能。美国社会媒体作家谢尔·以色列编著了《微博力》(2010)，概述了 Twitter 作为新媒体的前景和商业宣传价值。美国企业家乔尔·卡姆著书 *Twitter Power 2.0*：*How to Dominate Your Market One Tweet at a Time*（2010），研究了 Twitter 的社会效果。②大学生对 Twitter 等新媒介的使用研究。国外很多研究都表明，很多大学生都能熟练地使用 Facebook、Twitter 等新媒介，把这些新媒介作为展示个人形象、分享生活感悟的重要平台。在政治上，政治家也将 Facebook、Twitter 等作为选举的重要武器，如奥巴马在竞选总统期间在 Facebook 上展示的亲民形象就成功帮助他夺得大选。现任总统特朗普也是 Twitter 的应用高手，他经常在 Twitter 上推送信息，使其成为展示个人形象的重要窗口。

在国内，伴随着移动互联网技术的广泛应用，微信、微博、微电影、微小说、微公益等以"微"为主体的新生事物迅速传播开来并为社会大众所接受，从而形成一种全新的概念，即"微文化"。2010 年，"微文化"首次成为年度热词为公众所熟知。2010 年 4 月，北京交通大学宋守信教授的论文《常态社会微文化背景下思想政治工作思考》①是我国关于微文化研究的第一篇专业学术论文。随后几年，微文化逐渐成为学者们关注的议题，各种相关研究成果如雨后春笋般破土而出。2013 年 11 月 15 日，民进中央文化艺术委员会、首都师范大学文化研究院共同举办了"微时代 微文化"

---

① 宋守信：《常态社会微文化背景下思想政治工作思考》，载《思想政治工作研究》2010 年第 4 期。

学术研讨会，文化界和传播界的知名专家学者们围绕微时代的特点以及微文化给人类带来的深刻影响等议题展开了热烈的交流，推动了微文化研究的快速发展。2015年1月14日，由《光明日报》理论部、《学术月刊》编辑部、中国人民大学书报资料中心联合评选的2014年度"中国十大学术热点"，"微文化"榜上有名，列第四位。点评专家陶东风（首都师范大学教授）指出："微文化"这个选题不但具有很高的学术价值，同时也与老百姓的日常生活紧密相关，是一个接地气的、扎根于现实生活的真正的前沿问题。

由此可见，"微文化"正日益成为当前学术界研究的热点问题。尤其是在当今中国社会正在经历深刻转型的时代背景下，信息生产和传播方式的变化给国家治理和社会管理带来了新的机遇和挑战，研究"微文化"现象不仅具有重要的学术价值，也具有重大的现实意义。

为全面、准确地了解当前学术界关于微文化的研究现状，本书以2010—2017年作为研究时段，通过中国知网（CNKI）全文数据库，以"微文化"作为篇名和关键词，在高级检索条件下分别进行精确检索，得到相关成果441篇，经过合并、滤掉期刊介绍与编辑部发刊词等非正式论文，删除重复发表论文、会议报道、书评，排除与微文化研究不相关论文等人工处理后，得到有效期刊论文343篇，硕士论文26篇，博士论文仅1篇[①]。因迄今为止未见学术界关于"微文化"研究的相关专著，且考虑到硕士论文、博士论文的成果部分已反映到期刊论文中，所以，在本书中我们仅对343篇期刊论文运用文献计量法、内容分析法进行研究和分析，得出当前微文化研究的现状如下：

1. 微文化逐渐成为学者关注的研究热点

某一领域研究成果的数量及年度分布可以比较客观地反映学科研究发展历程与趋势。因此，本书对微文化研究论文的数量进行了年度分析，年度分布情况见表1-1。

表1-1 微文化研究论文年度分布（2010—2017年）

年度	2010	2011	2012	2013	2014	2015	2016	2017
篇数	2	3	5	23	45	73	105	87

---

① 吴俣：《微文化视域下研究生社会主义核心价值观培育研究》（学位论文），中国地质大学2017年。

从表1-1可以看出，关于微文化研究的期刊论文最早发表在2010年，仅有2篇，分别是宋守信的《常态社会微文化背景下思想政治工作思考》①和马衍鹏、张果的《从微博看当前的"微文化"传播》②，这标志着我国微文化研究的起步。随后两年，"微文化"现象得到一些学者的关注，但研究数量还是比较少，只有零星论文，平均每年不到5篇。2013年，随着微博、微信的广泛使用，微文化研究开始升温，论文迅速增加到23篇，到2014年、2015年则处于快速发展阶段，不仅分别出现了2篇和3篇硕士论文，而且期刊论文总量也由2010年的2篇猛增到2015年的73篇。到2017年，微文化研究论文的数量更在不断增长。这说明经过八年的不断发展，微文化已经逐渐成为学者关注的研究热点。

2. 研究领域主要集中在思想政治教育学、文化学和新闻学三大学科领域

经过对343篇论文所属学科领域的进一步分析发现，学者对微文化的研究主要集中在思想政治教育学、文化学和新闻学三大学科领域（见表1-2）。思想政治教育学领域最早有学者关注这种新兴的文化形态，并对其进行了较深入持久的研究，因此研究成果最为丰富，达106篇，占整个研究论文篇数的30.9%。其次是文化学领域，占22.4%。此外，新闻学领域也占较大比重，占16.9%。

表1-2 微文化研究学科分布情况

学科分布	篇数	学科分布	篇数
思想政治教育学	106	管理学	35
文化学	77	图书情报与数字图书馆	17
新闻学	58	农村经济与科技	5
法学	17	其他	20
政治学	8	总计	343

3. 研究内容以概念、特征和影响为主

根据以上计量分析，微文化研究近年来呈现迅速发展的趋势，并产生了较为丰富的理论成果。结合对文献内容的研究，我们可以将2010—2017

---

① 宋守信：《常态社会微文化背景下思想政治工作思考》，载《思想政治工作研究》2010年第4期。

② 马衍鹏、张果：《从微博看当前的"微文化"传播》，载《青年记者》2010年第17期。

年这八年间微文化研究的主要内容归纳为以下几个方面。

第一，关于微文化的概念内涵研究。微文化是什么？厘清微文化的真正内涵，是我们研究微文化面临的第一个问题，也是进一步深入研究的基础。学者们普遍认为，微文化的概念虽然已经被广泛使用，但是作为一种新的文化模式应该如何科学、准确地界定，仍是一个十分困难的问题，还有待从理论上进行深入研究。即使如此，许多学者仍从自身对微文化的理解，从不同的视角对微文化的概念做了界定，总结起来共有三种。

一是石裕东、邢起龙（2013）在《微文化内涵初探》一文中从文化的概念出发类比出微文化的概念，并从广义和狭义两个角度对微文化进行了界定。他们认为："微文化有广义和狭义之分。从广义的角度来看，微文化指进入21世纪后，随着科学技术尤其是网络技术的发展和个人互联网时代的到来，人类所创造的具有明显的个体性导向特征的物质财富和精神财富的总和，包括物质文化、精神文化、制度文化和行为文化四个方面。从狭义的角度看，微文化指的是一种进入个人互联网时代后逐渐形成并随着科技的发展迅猛发展的，注重个体和微观，以主体性、平等性为核心的价值观念和行为模式的精神现象。"① 二是游敏惠、袁晓凤（2013）对微文化的概念做出的界定。他们认为："微文化最早发端于微博，可从微博的角度来界定微文化。微文化就是指因微博而衍生出来的一切以"微"为特点的思想观念和行为方式。"② 三是陈业林（2014）从传播学的角度来界定微文化。他认为"微文化是多元而分散的社会主体，在以数字技术和网络为核心的新媒体公共平台上共同创造、传递、分享和沟通信息而形成的传播文化"③。

此外，张鸿声、郭兴（2014）特别指出："微文化既指基于微博这一核心命名的微文化，也指因其形式微小命名的微文化。但在研究微文化的过程中绝不可望文生义地将新近出现的所有微字头概念都归入微文化，比如微单、微耳、微针等就是不同领域的某种新技术或者新发明，而非我们所说的微文化。"④

第二，关于微文化的特征研究。由于对微文化的概念、内涵界定不同，

---

① 石裕东、邢起龙：《微文化内涵初探》，载《湖北工业大学学报》2013年第3期。
② 游敏惠、袁晓凤：《"微文化"传播对当代大学生价值观的影响及对策》，载《青年探索》2013年第4期。
③ 陈业林：《微文化语境下大学生思想政治教育探析》，载《广东广播电视大学学报》2014年第6期。
④ 张鸿声、郭兴：《无"微"不至：当代微文化解读》，载《艺术百家》2014年第3期。

学者们在对微文化基本特征的观点上也存在较大分歧，主要有二特征说、三特征说、四特征说等。陈永斌（2014）持"二特征说"，认为"微文化具有两个明显的特征：微主体、强互动和微载体、强效果"①。

李永娜（2016）持"三特征说"，认为"微文化具有去中心化、即时互动性和碎片化特性"②，周宪（2015）则指出微文化具有四个值得注意的特征："信息构成的高度碎微化，碎微化信息的极速传递、接收与变异，微文化的海量信息性，信息的高度娱乐化。"③

第三，关于微文化兴起的原因研究。微文化作为一种新的文化形态，它的兴起有着特定的时代背景和原因，学者们对此也展开了探讨。于安龙、刘文佳（2014）认为"微文化的兴起是各方面因素合力作用的结果，其中数字化、互联网等高新技术的发展是微文化兴起的客观条件；现代竞争压力增大，生活节奏加快是微文化兴起的社会条件；大学生参与意识增强，表达欲望强烈是微文化兴起的主观条件"④。王小燕（2015）则从四个方面分析了微文化兴起的原因："第一，互联网技术的成熟；第二，手机等移动便携终端的盛行；第三，信息接收习惯的变化；第四，个体表现欲望的增强。"⑤

第四，关于微文化的价值研究。如果一种文化没有价值，它存在的合法性就会受到质疑。而当前，微文化不仅存在，且发展速度日新月异，必然有它一定的价值基础。对于微文化的价值，大多数学者都予以了肯定，并从不同的角度做了具体的阐述。马衍鹏、张果（2010）最早指出微文化的价值："以微博为代表的微文化传播现象为当前传统媒体和新媒体提供了一种创新的发展方向和传播视角。"⑥

胡纵宇（2014）指出微文化的价值体现在三个方面："关注社会与普通人的人生问题，引导人们反思和批判自己的社会生活，建构个体存在的意

---

① 陈永斌：《微文化传播背景下大学生媒介素养教育的挑战与对策》，载《思想教育研究》2014年第6期。
② 李永娜：《微文化背景下大学生主流意识形态认同的挑战与对策》，载《学术论坛》2016年第4期。
③ 周宪：《可爱可恨的微文化——在常熟理工学院"东吴讲堂"上的讲演》，载《东吴学术》2015年第2期。
④ 于安龙、刘文佳：《微文化对大学生社会主义核心价值观教育的影响及对策》，载《中国青年研究》2014年第11期。
⑤ 王小燕：《浅议微文化的内涵及现实形态》，载《艺术品鉴》2015年第9期。
⑥ 马衍鹏、张果：《从微博看当前的"微文化"传播》，载《青年记者》2010年第17期。

义和寻求自我认同。"①骆郁廷、马丽华（2018）认为"微义化发轫于微博的兴起，在微信、微视频、微电影等出现后迅速发展，已显露出文化人的强大影响力"②。此外，学者蒲清平、张伟莉、赵楠（2016）也分析了微文化的消极价值，认为"微文化中出现的个性张扬下的人格陷落、碎片阅读下的文化祛魅、主体缺场下的价值迷失、群体极化下的认同危机等现象应当引起我们的注意"③。

（二）国内外学者价值观研究综述

与微文化这一新生事物研究成果较少相比，国内外关于价值观的研究成果比较多，并且涉及的领域很广泛，例如，在哲学、政治学、心理学、美学、经济学等领域都取得了比较成熟的研究成果。

在西方哲学领域，价值、价值观问题一直是和主客体关系问题紧紧联系在一起的。古希腊哲学家苏格拉底、亚里士多德等都在其代表性著作中阐述过价值观的问题。例如，亚里士多德在《政治学》中指出"人是天生的政治动物"④，鲜明地表达了他的政治价值观。到了近现代，价值问题逐渐成为独立的研究领域。德国哲学家康德把"人的主体性"提高到至高无上的地位，这也是对人的一种价值评价。

西方哲学的人本主义和科学主义两大思潮对价值观研究产生了深远的影响。在新康德主义者鲁道夫、赫尔曼、洛采等的努力下，价值观研究成为一门独立学科。此外，尼采、麦农、李凯尔特等继承和推进了有关价值观的研究。总的来说，浓厚的思辨色彩是国内哲学在价值观问题研究上的基本特点，而实用主义色彩则是英美哲学家研究价值观问题的首要考虑点。如实用主义者詹姆士，认为主客体之所以能联系起来，是由人们的利益来决定的，他支持实用主义价值观。法国存在主义者萨特则主张一种自由的价值论，"人在自由选择行动的时候，就赋予世界和自己的行动以价值和意义"⑤。1961年，美国克拉克洪与斯乔贝克提出了著名的六大价值取向理论，

---

① 胡纵宇：《微文化的价值基础与教育影响》，载《社会科学家》2014年第11期。
② 骆郁廷、马丽华：《论微文化育人》，载《思想教育研究》2018年第1期。
③ 蒲清平、张伟莉、赵楠：《微文化：特征、风险与价值引领》，载《中国青年研究》2016年第1期。
④ 亚里士多德：《政治学》，商务印书馆1965年版，第7页。
⑤ 中国科学院哲学研究所：《存在主义哲学》，商务印书馆1963年版，第328页。

初步阐述了文化和价值观的关系。他们认为在人类共同面对的时间、空间、人性、环境等六大问题中，不同文化的人群对这六大问题的观念、价值取向和解决方法直接体现了这些群体的文化特征。克拉克洪与斯乔贝克关于文化与价值观的关系对于本书的写作具有重大启示。20世纪70年代，罗克奇认为价值观是一种信念，把价值观分为终极价值观和工具性价值观两个方面，使价值观的研究进一步深入。20世纪80年代，施瓦茨编制了"价值观量表"（Schwartz Values Survey，简称SVS），对澳大利亚和芬兰等七个国家进行了跨文化研究。

国内有关价值观的研究也非常丰富，学者们从哲学、心理学、文化学等视角展开了广泛的研究。李德顺（1987）在其专著《价值论——一种主体性的研究》中，系统探讨了价值的本质和分类、价值观的评价和评价标准、价值和真理的关系等一系列基础理论问题，最早确立起价值哲学研究的基本框架①。国内学者黄希庭出版了中国第一部从心理学视角研究价值观的专著《当代中国青年价值观与教育》，首次系统地以实证方法探讨青年价值观，把价值观归纳为政治价值观、道德价值观、人生价值观、职业价值观、审美价值观等十个不同类别②。21世纪初，北京师范大学的"价值与文化研究中心"出版了"文化与价值研究丛书"，推动了我国文化与价值关系的研究。研究学者们一致认为：文化与价值观有着天然的本体意义上的联系，文化的核心就是价值观，同时文化是个体和群体价值观形成的核心和支柱，价值观发生、发展与变化都与文化环境息息相关。

2018年适逢我国改革开放40周年，有专家学者研究了改革开放40年我国价值观变迁的特点、原因、规律和对策等。如韩瑞波（2018）指出价值观变迁的原因有"社会意识形态的极化趋势、竞争性政党更加明显的政策差异、日渐兴起的民粹主义思潮以及生活质量问题进入政策议题等"③。邱吉、朱舒坤（2018）认为"新时代培育和弘扬社会主义核心价值观需要在思想观念上定位好社会主要矛盾与核心价值观的关系、在格局上处理好主流价值与多元价值的关系、在节奏上把握好保守主义与激进主义的关系、在实践上协调好制度保障与宣传途径之间的关系"④。

---

① 李德顺：《价值论——一种主体性的研究》，中国人民大学出版社1987年版，第95页。
② 黄希庭：《当代中国青年价值观与教育》，四川教育出版社1994年版，第1页。
③ 韩瑞波：《理解价值观变迁：理论、方法及其当代意义》，载《理论与改革》2018年第1期。
④ 邱吉、朱舒坤：《中国社会核心价值观变迁成因及启示》，载《教学与研究》2018年第2期。

（三）大学生价值观研究综述

国内有关大学生价值观研究的论文、论著非常庞杂。笔者在中国知网以"大学生价值观"为篇名进行精确检索就得到了检索文献8 718篇。国内最早公开发表的关于"大学生价值观"的论文是载于《青年研究》1982年第7期，华东师范大学郑德生的《评当代大学生的价值观——兼析现代西方哲学思潮的影响》。此后逐年增多，2006年开始形成规模，每年发表的论文超过了100篇。而自2012年我国提出"社会主义核心价值观"以来，关于"大学生价值观的研究"出现井喷，达到高峰，2015年、2016年、2017年发表的论文都超过了1 000篇。研究的内容也非常广泛，涵盖了大学生学习、生活的方方面面，研究方法有定量、定性、定量定性相结合等。总的来说，当前学术界对大学生价值观的研究包括以下三方面。

第一，关于大学生价值观的概念研究。吕冬诗在《网络文化背景下大学生价值观教育研究》一文中指出："大学生价值观是大学生对于区分是非、好坏、美丑、荣辱、得失、祸福、苦乐和利害等的基本观点，即大学生对事物价值的根本评价标准。"[①] 廖丹在其硕士论文《网络文化对大学生价值观的影响及对策研究》中认为"大学生价值观是大学生区分正误、判断是非曲直、辨别善恶美丑与荣辱得失的基本观点，是大学生在处理各种与价值相关问题时所持的观点和态度的总和"[②]。

第二，关于大学生价值观的现状及其特征研究。郭新娣（2017）在《大学生价值观的现状调查研究》一文中运用《大学生价值观量表》对大学生进行调查，发现大学生价值观取向依次排序为"才能务实、品格自律、家庭本位、名望成就、人伦情感、公共利益、金钱权力、守法从众"[③]。杨业华、王彦（2012）在《当代大学生价值观状况特点探析》一文中从人与自然、人与社会、人与他人、人与自身关系四个维度对当代中国大学生价值观现状进行了研究，认为"当代中国大学生价值观呈现开放性、独立性、理性化、矛盾性四个方面的特点"[④]。

第三，关于造成大学生当前价值观现状的原因及对策研究。刘素芬

[①] 吕冬诗：《网络文化背景下大学生价值观教育研究》（学位论文），哈尔滨工程大学2005年。
[②] 廖丹：《网络文化对大学生价值观的影响及对策研究》（学位论文），重庆师范大学2016年。
[③] 郭新娣：《大学生价值观的现状调查研究》，载《前沿》2017年第2期。
[④] 杨业华、王彦：《当代大学生价值观状况特点探析》，载《思想教育研究》2012年第12期。

(2014)在《网络文化环境下大学生价值观引导的策略探究》一文中指出,"一要建立网络宣传信息平台,二要调动大学生参与网络价值观引导的积极性,三要健全网上舆论引导机制"①。傅永春(2013)在《网络环境下大学生价值观的社会化引导策略》中指出"要从社会管理创新的维度来进行全面、协调、可持续的管理,利用网络开展大学生价值观教育,如强化网络管理制度建设、加强校园网络与文化建设等"②。

(四)微文化对大学生价值观的影响研究

面对微文化的迅猛发展,已有学者注意到了微文化的影响并做了初步探讨。但目前研究的群体主要集中在大学生,主要原因是很多学者认为,大学生作为新时代的领军人物,是社会新技术、新思想的前沿群体,也是微文化的主要传播者,因此他们受微文化的影响最直接、最深刻、最广泛。本书将"微文化"与"大学生价值观"作为合并检索词在中国知网上进行检索,仅检索到相关论文15篇,去除硕士论文3篇,仅剩期刊论文12篇。通过对12篇论文的分析,发现论文的发表层次都偏低,仅有1篇发表在核心期刊《青年探索》上,其他都发表在非核心期刊上。相关论文的数量少、质量不高给本书的写作带来了很大难度,同时也意味着本书有较大的研究价值和研究空间。

总结来看,目前学术界关于微文化对大学生价值观的影响研究主要表现在两个方面。

第一,微文化对大学生价值观的影响。游敏惠、袁晓凤(2013)分析了微文化对大学生的价值观念、社会交往和行为方式等产生了深刻影响,认为"大学生长期受微文化传播的影响,会导致其价值观发生扭曲,价值取向多元化,价值判断功利化,价值选择模糊化等"③。欧晓静、苏国红(2015)认为"微文化对大学生的影响是双面的。积极影响包括开阔了大学生的视野、丰富了他们的价值观内涵、彰显了大学生的个性、提高了他们

---

① 刘素芬:《网络文化环境下大学生价值观引导的策略探究》,载《思想理论教育导刊》2014年第5期。

② 傅永春:《网络环境下大学生价值观的社会化引导策略》,载《中国高等教育》2013年第11期。

③ 游敏惠、袁晓凤:《"微文化"传播对当代大学生价值观的影响及对策》,载《青年探索》2013年第4期。

的主体性、使大学生的价值选择具有多元化;消极影响则表现在多样化的价值取向削弱主流价值观的地位,微文化中的"大V"肆意歪曲英雄、模糊历史,影响大学生价值观的判断"①。

第二,微文化影响下大学生价值观教育的对策研究。张海霞(2014)提出了微文化影响下大学生价值观教育的对策:"以社会主义先进文化引领微文化发展方向,加强校园微文化建设,运用新媒体手段增强大学生价值观教育的吸引力和感染力,并加强大学生网络素养教育,提高其价值判断能力。"② 刘涛(2017)认为,"我们应该运用微文化完善高校思想政治理论课教学、注重微文化监管,加强微环境引导员队伍建设、依靠核心价值观引导,丰富校园微文化生活、提高大学生自身的微文化素质等"③。

三、研究方法和目标

(一) 研究方法

本书的写作综合运用了以下研究方法。

1. 文献分析法

通过书籍、报刊和互联网等工具,全面搜集和掌握国内外对微文化、价值观等相关问题的研究现状和发展趋势,科学运用相应的理论和原理,进行理论研究,总结相关规律。

2. 多学科研究法

本书兼具理论性和实践性,因此,在研究中以马克思主义理论为指导,综合运用教育学、社会学、新闻学等多学科的相关理论和方法。

3. 实证分析法

本书的实证研究方法具体包括三种。

第一,量的研究。量的研究既包括问卷调查,还包括调查后的数据整

---

① 欧晓静、苏国红:《微文化对大学生价值观的导向》,载《河北广播电视大学学报》2015年第4期。
② 张海霞:《"微文化"视阈下大学生价值观教育的对策》,载《无锡商业职业技术学院学报》2014年第4期。
③ 刘涛:《"微文化"对大学生价值观教育的影响及实证研究》,载《中共山西省直机关党校学报》2017年第2期。

理、统计归纳等。笔者自编了调查问卷《微文化对大学生价值观的影响》，然后选取了广东省 10 所高校（中山大学、华南理工大学、华南师范大学、广东工业大学、广州大学、广东技术师范学院、广东科贸职业技术学院、东莞理工学院、广东海洋大学、汕头大学）的大学生为调查对象，共发放调查问卷 1 000 份，回收调查问卷 947 份，回收有效率 94.7%。在统计归纳方面，使用统计学软件 SPSS 19.0 进行处理，得出统计结果。

第二，质的研究。具体说来，本书的质的研究方法包括两种。

（1）深度访谈。事先准备好访谈提纲，共对 20 名大学生进行了深度访谈。访谈主要由学生协助完成，为了达到更好的访谈效果，我们全部进行的是面对面访谈，既有全面访谈，也有结合重大时事热点问题的专题访谈。共形成 20 个访谈记录卡。访谈记录见表 1-3（为保护学生隐私，以"某同学"代替学生的名字）。

表 1-3 访谈记录

编号	学生姓名	性别	基本情况	备注
1	张同学	女	大一，法学专业	全面访谈
2	王同学	男	大一，社会工作专业	全面访谈
3	刘同学	男	大三，思想政治教育专业	全面访谈
4	陈同学	女	大二，物流管理专业	热点问题专题访谈
5	管同学	女	大三，艺术设计专业	热点问题专题访谈
6	陈同学	女	大四，经济贸易专业	全面访谈
7	张同学	男	大二，机械设计专业	全面访谈
8	刘同学	女	大二，网络工程专业	全面访谈
9	严同学	女	大二，网络工程专业	全面访谈
10	廖同学	女	大一，思想政治教育专业	全面访谈
11	黄同学	女	大四，城市规划专业	全面访谈
12	刘同学	男	大一，统计专业	全面访谈
13	黄同学	男	大一，城市管理专业	全面访谈
14	邹同学	女	大二，商务英语专业	热点问题专题访谈
15	周同学	男	大三，信息工程专业	热点问题专题访谈
16	严同学	男	大四，中文专业	全面访谈

续表1-3

编号	学生姓名	性别	基本情况	备注
17	陈同学	女	大二,法学专业	热点问题专题访谈
18	谢同学	男	大三,管理学专业	全面访谈
19	魏同学	女	大四,土木工程专业	热点问题专题访谈
20	何同学	女	大四,通信工程专业	热点问题专题访谈

(2)微信朋友圈跟踪。微信朋友圈已经成为大学生最常用的展示自我的平台,他们喜欢把自己的所见所闻、所思所想在这个平台上展现出来。这些展示也表露出他们的一些价值观念。为此,笔者精心挑选了本人的不同年级、不同专业的10名大学生"微信好友",对他们在2018年1—6月共计6个月发的微信朋友圈内容进行微信截屏并深度分析,试图从中管窥出他们的情感倾向和价值态度。这10名被跟踪微信朋友圈的学生名单见表1-4。

表1-4 10名被跟踪微信朋友圈的学生名单

编号	学生姓名	性别	年级和专业	2018年1—6月共发布微信朋友圈条数	在微信朋友圈的主要行为
1	蔡同学	男	大三,法学专业	43	转发各种文章,进行时事评论,发表个人感悟
2	乐同学	男	大四,中文专业	562	大量转发各种文章,进行时事评论,极少发与个人相关的图片和文字
3	陈同学	女	大二,网络工程专业	183	发各种风景秀、生活照、自拍照
4	张同学	女	大一,艺术设计专业	135	发生活照、吐槽之类的文字
5	郑同学	男	大一,建筑设计专业	85	转发各种时事文章,发生活照
6	黄同学	女	大四,管理学专业	55	发各种风景秀、生活照、自拍照

续表 1-4

编号	学生姓名	性别	年级和专业	2018年1—6月共发布微信朋友圈条数	在微信朋友圈的主要行为
7	许同学	男	大三，环境工程专业	96	转发各种时事文章，发生活照
8	陈同学	男	大四，思想政治教育专业	167	转发各种文章，进行时事评论，发表个人感悟
9	庄同学	女	大三，园林设计专业	127	发各种风景秀、生活照、自拍照
10	周同学	男	大四，思想政治教育专业	123	转发各种文章，进行时事评论，发表个人感悟

第三，热点案例研究。本书选取了2015—2016年在微博、微信平台上的热点案例，如"天津爆炸事件""美国制裁中兴事件""厦门大学洁洁良事件""长江学者沈阳性侵事件""严书记女儿事件"等，结合热点案例中大学生的言论和行为，窥见他们的价值观念和态度。

（二）研究目标

本书的总体研究目标是运用马克思主义基本理论，以文化与价值观的内在关系为逻辑起点，结合我国当前社会生活的微文化方式和大学生价值观变迁的实际，全面挖掘了微文化对当代大学生政治价值观、道德价值观、交往价值观、学习价值观造成的积极影响和消极影响，在此基础上揭示出微文化影响大学生价值观的过程、特点和规律，最终提出了微文化环境下大学生价值观培育的总体要求、基本原则和具体路径，希望能够借此提高当代大学生价值观培育的针对性和实效性，帮助大学生树立正确的价值观，促进青年大学生自由而全面地发展。

具体研究目标：

（1）从理论上探讨文化与价值观的内在逻辑关联，分析微文化对大学生价值观和行为的积极影响和消极影响。

（2）实证研究微文化环境对大学生价值观和行为的具体影响，揭示微文化影响大学生价值观的过程、特点和规律。

（3）找到应对微文化影响的德育对策，提出适合微文化环境下大学生价值观培育的总体要求、基本原则和具体路径。

（三）研究框架

本书的研究框架共分为五个部分。

第一，文化与价值观的内在逻辑关联。本部分首先阐述了马克思主义关于社会存在与社会意识的关系理论、人与环境的关系理论，然后依据马克思主义基本理论，对文化与价值观的内在逻辑关系进行了分析。一方面，文化构成价值观生成的重要环境，价值观的形成及塑造离不开文化环境这一客体状态的影响和作用。另一方面，价值观是文化的核心，价值观的内容和品格会对文化环境建设产生重要作用，决定了文化的基本性质和状态，特别是核心价值观对文化具有引领作用。客观、全面、深入地分析文化与价值观的内在关系是本书的逻辑起点。

第二，大学生价值观形成的微文化环境。当前，微文化已经成为影响大学生价值观生成的重要环境。本部分首先概述了大学生价值观的内涵特点，然后从发展哲学的角度对微文化的概念、形成和发展条件、主要表现形态等进行了阐述，指出微文化的价值意蕴主要体现在时空界限的完全突破、民主政治的广泛参与和个体关注的全面提升等方面。在此基础上，从技术、精神和主体性三个维度去阐述微文化的特征，以期对微文化的特征有更全面、更深入的把握。其中，从技术维度考察，微文化具有简洁性、即时性和互动性的特点。从精神维度考察，微文化具有后现代性、去中心性和平等性的特征。从主体性维度考察，微文化具有个性化、大众化和圈群化的特征。最后从生活方式、交往方式、认知方式三个方面具体论述了微文化对人的存在方式的新拓展。

第三，微文化影响大学生价值观的现状透视。当前，微文化凭借移动互联网"随时、随地、随身"的优点，并以其海量的信息资源、便捷的传播方式和及时的互动性、参与性，得到了大学生的广泛关注和喜爱，极大地影响了他们的政治价值观、道德价值观、交往价值观和学习价值观。实证调查显示：微文化对大学生政治价值观的影响表现在政治关注渠道多样化、政治参与平台广阔化、政治价值评价标准困惑化、政治情感倾向功利化；微文化对大学生道德价值观的影响表现在道德主体意识凸显、道德责任感增强、道德价值尺度模糊、道德失范行为频发；微文化对大学生交往价值观的影响表现在交往范围扩大化、交往手段便捷化、交往情感冷漠化、交往主体异化；微文化对大学生学习价值观的影响表现在学习观念自主化、学习精神创新化、学习思维浅表化。

第四，微文化影响大学生价值观的规律探寻。透过现象看本质，我们不难发现，微文化之所以对大学生的价值观造成巨大影响，就是因为微文化以其特殊的方式、途径和环境影响了大学生的价值观念和价值行为。为此，本部分将深入探讨微文化影响大学生价值观的具体特点、影响过程、影响机制等，希望借助对其规律性、特点元素的梳理，为后文制定相应的对策提供理论依据。微文化影响大学生价值观的过程，是一个由文化传播者通过微媒介、微平台发送信息，然后由大学生接收、接受直至内心认同，最终使大学生的价值观念、思维方式、行为习惯等发生变化的过程，主要经历信息→注意→判断→选择→互动→认同→内化→新的价值观→行为等阶段。微文化影响大学生价值观的主要特点是渗透性、感染性、交互性。微文化影响大学生价值观的主要规律有需要驱动规律、交叉传播规律和圈层互动规律。

第五，微文化环境下大学生价值观培育的应对与创新。微文化的快速发展和全面渗透，对大学生价值观培育提出了新的挑战。如何在微文化环境下提高大学生价值观培育的实效性，是当前思想政治教育工作的重要课题。微文化环境下大学生价值观培育的总体要求是要满足大学生自身的内在需要、凸显人的生存与发展的本源价值、注重提高大学生的现实价值观念；培育的基本原则包括主导性与多样性相结合的原则、自律性与他律性相结合的原则、现实性与虚拟性相结合的原则、灌输性与主体性相结合的原则；培育的具体路径有微文化空间的话语权重构、微文化平台的价值观渗入、微文化沟通的机制完善、微文化环境的合力优化。

（四）创新之处

第一，在研究视角上，本书从微文化的视角探讨了其对大学生价值观的影响，紧密结合当前社会发展的新趋势，主动回应社会提出的重大实际问题，具有强烈的时代气息和前沿性。伴随着移动互联网、数字技术和智能手机的快速发展以及微博、微信等媒介的广泛应用，"微时代"的"微文化"已经成为当代大学生价值观形成不可回避的场域和环境，这是当今社会发展的新趋势。微文化是一种新兴文化，它随着移动互联网的发展全面

19

嵌入人们的生活，当代大学生价值观的形成受到微文化的深刻影响，已经成为社会发展的重大实际问题。因为微文化产生和形成的时间都不长，并且现在还处于不断变化发展中，目前学术界对它的研究成果相对较少，这也增加了本书研究的难度，同时也显示出较大的研究空间。因此，本书试图总结近几年学术界对"微文化"这一新兴文化形态的研究成果，更深层次挖掘和探讨微文化的概念、特征、功能等重要内容，丰富微文化的理论研究，也将有助于学术界以后继续开展对"微文化"的相关研究。

第二，在研究方法上，本书综合运用了思辨研究法、实证研究法、多学科研究法等。尤其在实证研究的质性研究上，本书对20位大学生进行了深入访谈，形成20个记录卡。笔者还精心挑选了笔者的10位大学生微信好友，对他们2018年1—6月的微信朋友圈发文条数、发文内容进行了跟踪分析，考察他们的价值观念和行为，具有较强的说服力。另外，本书还结合2016—2018年近3年间大学生高度关注的微博、微信平台上出现的如"天津大爆炸事件""美国制裁中兴事件""厦门大学洁洁良事件""长江学者沈阳性侵事件""严书记女儿事件"等热点案例进行了专题分析和访谈，在研究方法上具有一定的创新性。

第三，在研究内容上，本书从技术性、文化精神性和主体性的角度归纳了微文化的3个维度9种特征，揭示微文化影响大学生价值观的特点和规律，提出微文化环境下大学生价值观培育的具体路径。具有创新性的观点有以下四点。

（1）文化与价值观是一对紧密联系、高度相关的范畴和概念。一方面，文化构成价值观生成的重要环境，价值观的形成及塑造离不开文化环境这一客体状态的影响和作用。另一方面，价值观是文化的核心，价值观的内容和品格会对文化环境建设产生重要作用，决定了文化的基本性质和状态，特别是核心价值观对文化具有引领作用。

（2）微文化是立体的、全方位的。从技术维度考察，微文化具有简洁性、即时性和互动性的特点。从精神维度考察，微文化具有后现代性、去中心性和平等性的特征。从主体性维度考察，微文化具有个性化、大众化和圈群化的特征。

（3）微文化因其独特的社会心理作用对大学生产生着潜移默化的影响，塑造着大学生的价值观认知结构，改变着他们的行为方式。微文化影响大学生价值观的过程主要包括信息→注意→判断→选择→互动→认同→内化→新的价值观→行为等阶段。微文化影响大学生价值观的主要特点是渗透性、感染性和交互性。微文化影响大学生价值观的主要规律有需要驱动规律、交叉传播规律和圈层互动规律。

（4）微文化环境下大学生价值观培育的总体要求是要满足大学生自身的内在需要、凸显人的生存与发展的本源价值、注重提高大学生的现实价值观念。培育的基本原则包括主导性与多样性相结合的原则、自律性与他律性相结合的原则、现实性与虚拟性相结合的原则、灌输性与主体性相结合的原则。培育的具体路径有微文化空间的话语权重构、微文化平台的价值观渗入、微文化沟通的机制完善、微文化环境的合力优化。

第二章

文化与价值观的内在逻辑关联

第一节 理论基础阐述

马克思主义是关于自然、人类社会和人类思维的科学理论,包含对主客观世界深刻、科学的分析,是科学的世界观、人生观与价值观。马克思主义关于社会存在与社会意识的关系理论、人与环境的关系理论为我们正确地分析文化与价值观的辩证关系奠定了理论基础,提供了理论依托。

一、社会存在与社会意识的关系理论

(一) 理论概述

所谓社会存在,是指社会物质生活条件的总和,包括生产方式、社会环境、个人财产等方面,属于物质范畴。社会意识是指社会生活的精神层面,是人们对世界和自身的态度和信念的总和,包括人们的意识形态、风俗习惯和社会心理等方面,属于精神范畴。

社会存在和社会意识的辩证关系是历史唯物主义的基本原理,是物质与意识的辩证关系在社会历史观中的体现。具体说来,马克思主义关于社会存在与社会意识的关系理论包括以下几个方面。

第一,社会存在决定社会意识。社会存在是人类生存和发展的基础,尤其是物质生产活动及物质生产方式是人类社会存在、发展、繁衍的保障和前提。意识是人们在物质生活过程中形成的一种观念的、精神的东西,由物质决定。也就是说物质决定意识,社会存在决定社会意识。

马克思、恩格斯认为在社会存在决定社会意识的所有因素中,经济因素是起决定作用的。物质生活的需求是人类最基本的需求,只有基本的物质生活得到满足,人们才有可能在物质需求的基础上寻求精神需求。物质生活的满足是其他一切需求满足的基础。人们在物质关系中所处的不同地位,会产生不同的思想道德价值观念、情感和信念。

第二,社会意识会随着人所处的环境的改变而改变。马克思明确指出,"人们的观念、观点和概念,一句话,人们的意识,随着人们的生活条件、人们的社会关系、人们的社会存在的改变而改变"①。这段话表明马克思、恩格斯认为社会存在决定社会意识,人所处的环境是一种客观的社会存在,决定着人们的思想和行为,并且随着所处的环境发生变化,人们的思想和行为也会发生变化。恩格斯也指出,"人们自觉地或不自觉地,归根到底总是从他们阶级地位所依据的实际关系中——从他们进行生产和交换的经济关系中,获得自己的伦理观念"②。恩格斯的这段论述也揭示了社会存在决定社会意识的理论,认为人们的思想道德价值观念来自社会生产关系中。人们的思想意识、价值观念具有相对的独立性,它不是一成不变的和永恒的,而是随着社会存在和社会历史的不同发展阶段而发生变化的。

(二)理论启示

从本质上来说,文化是一种客观存在,价值观是一种意识形态。社会存在与社会意识的辩证关系理论揭示了物质(存在)与意识的关系,是研究文化与价值观关系的历史唯物论基础。该理论对我们研究文化与价值观关系的指导作用表现为以下两个方面。

第一,社会存在决定社会意识。"物质不是精神的产物,而精神却只是物质的最高产物。"③ 文化作为人类实践的产物,是一种崭新而强大的社会存在。人的价值观在客观存在的文化环境中形成。这就要求我们考察人的思想观念、价值意识的变化时,必须要分析和考虑思想观念、价值意识背后发生的特定的文化环境,才能真正把握人的思想观念、价值意识变化的根本原因,才能透过现象看本质。

第二,社会意识对社会存在起着能动的反作用。列宁认为,"人的意识不仅反映客观世界,并且创造客观世界"④。如果先进的、积极的思想形态占据受过高等教育的大学生的头脑,就会对这个群体产生强大的先进影响力,也必将会对社会的发展起巨大的、积极的推动作用。相反,一旦落后的、消极的思想占据大学生的头脑就会带来消极的影响,甚至会在一定程度上阻碍和延缓社会的进步。社会意识对社会存在的能动反作用要求我们在实践中要重视社会意识的精神力量,要注意加强人在文化环境中的参与

---

① 中央编译局:《马克思恩格斯选集(第1卷)》,人民出版社1995年版,第291页。
② 中央编译局:《马克思恩格斯选集(第3卷)》,人民出版社1995年版,第434页。
③ 中央编译局:《马克思恩格斯选集(第4卷)》,人民出版社1995年版,第223页。
④ 列宁:《列宁全集(第55卷)》,人民出版社1990年版,第182页。

性和主动性，利用人的意识的积极因素推动文化环境的不断发展。

二、环境与人的关系理论

（一）理论概述

文化是一种客观环境，价值观是人的价值观。文化与价值观的关系也体现了马克思主义关于环境与人的关系理论。马克思主义环境理论认为，环境与人之间是辩证统一的关系。环境创造了人，人对环境有能动作用，同时，环境和人的辩证关系又统一于社会实践中。

首先，环境创造了人。人与其他动物相区别的重要表现是劳动创造了人，人在改造自然环境的劳动过程中从猿变成了人。一方面，劳动是猿进化为人的重要推动力，劳动使猿脑不断地思考、进化，最终发展为人脑。另一方面，在劳动过程中，猿手不断地精细化、灵巧化，最终进化成人手。也就是说，人的身体结构正是在对自然环境改造的过程中不断发生变化，在长期的劳动实践中，实现了猿进化成人的过程。

其次，人对环境有能动作用。人与动物的根本区别是，人是社会中的人，社会性是人的根本属性。一方面，环境创造人，另一方面，人对环境有能动作用。因为人是有思想、有意识的个体，人的存在以特定时期、特定阶段的社会关系为基础，社会的形成不能脱离对环境进行改造的过程。正是人们运用自己的知识、智慧、能力在实践中对环境不断地改造，才为个人成长和发展提供了更好的环境条件。也就是说，人可以通过自己的思想、意识来改变环境。

最后，环境和人的辩证关系统一于社会实践中。环境创造人和人对环境有能动作用有机统一于社会实践中。在改造环境的社会实践活动中，人不但成为自然人，还成为社会人和实践人。具体来说，正是人的实践活动——通过改造自然界获得生活资料、物质资料，最终实现环境向人的转化。而人类在改造环境的实践活动中，同时也完成了对自身的改造，即环境和人的辩证关系统一于社会实践中。

第二章 文化与价值观的内在逻辑关联

（二）理论启示

马克思主义环境理论为我们研究文化与价值观的关系奠定了理论基础，具体表现在以下三方面。

第一，环境创造人。文化环境会对人的思想意识、价值观念的形成产生重要的影响。环境既包括自然环境，也包括社会环境。自然环境主要是自然存在的物质环境，而社会环境主要是指人产生后形成的人与人之间生存和发展的环境，包括政治环境、经济环境、文化环境等。自然环境和社会环境都对人有着重要影响。文化环境是社会环境的重要组成部分，文化环境作用于人，影响着人们思想素质、价值观念的形成。

第二，人对环境有能动作用。人具有主观能动性，也就是说，社会性是人的本质属性。人对环境的能动作用，主要是运用人的思想、观念对文化环境进行引导。人的思想意识、价值观念在改造环境的过程中形成和改变，同时人的能动活动也促进新的文化环境不断产生。从根本上来说，人的各种活动都是对现有的自然环境或者社会环境的改造，而同时，人在改造环境的过程中又不断形成新的思想和价值观念。

第三，实践使人和环境之间的互动得以实现。实践是一种主观见之于客观的活动，社会实践活动使人与环境之间的互动关系得以实现。这就启示我们，文化环境和人的价值观念互动的完成依靠价值观教育这一实践活动才能实现。因此，我们必须重视对人们价值观尤其是核心价值观的教育和培育，在这种实践活动中实现人的价值观念的提升和文化环境的改造。

值得注意的是，我们在研究环境与人的关系时要认真鉴别、预防和批判两种错误倾向。一种是认为环境决定人与人之间的差异、性格、思想等，片面夸大环境对人的决定和制约作用，认为"环境决定一切"。例如，法国启蒙思想家孟德斯鸠就认为天气寒冷，人们为了抵御寒冷会不断运动，这样就会精力充沛，而炎热的天气会使人心生倦懒。因此，他得出"热带民族像老人一样胆怯，寒带民族则像青年一样勇敢"的结论，这是典型的"环境决定论"，过分强调和夸大环境的决定作用，而忽视人的意识能动性，是错误的。另一种则是宣扬"精神万能论"。精神万能论者认为精神的作用是至高无上的，精神可以改变一切，这种论点过分夸大精神对环境的能动作用，认为"只怕想不到，不怕做不到"，甚至违背基本常识、客观实际和根本规律，是典型的"唯意志论"，也是错误的。这两种错误倾向都是我们在正确认识环境与人之间的关系时应该反对的。

第二节 文化与价值观的内在关系

马克思主义社会存在和社会意识的关系原理和马克思主义的科学环境观是探讨文化与价值观两者关系的理论基石。本节在厘清文化、文化环境、价值观等基本概念的基础上，重点运用马克思主义基本理论，阐述文化与价值观的内在关系，为后文的研究奠定基础。

一、文化构成价值观生成的重要环境

人是社会的人，人的生存和发展始终处于各种环境之中，既包括自然环境，也包括社会环境。文化环境是社会环境的重要组成部分。文化环境所形成的"文化场"影响着人的存在，对人的发展和价值观的形成具有重要作用。

（一）文化和文化环境

文化（Culture）自古以来就是一个非常复杂的概念，不同的人、不同的发展阶段、不同的情境对文化的理解都不同。随着人类社会的发展，"文化"一词承载着越来越多、越来越复杂、越来越深刻的信息，以至于至今都没有对"文化"这个概念的统一定论。全面理解"文化"的内涵应该深层次、多角度、全方位对其进行剖析和审视。

我国古汉语中的文化观涵盖着十分复杂的内容。先秦时期，"文"和"化"已频繁出现于各类典籍，但都是各自出现，并不连用。其中，"文"主要是纹理、纹路、文章之意，而"化"则表示造化、生成等义。一直到汉代以后，"文"和"化"才真正开始连用，在特定情境中构成特定语义关联。这在《易经》和刘勰的《原道》中有非常精辟的阐释。"文化"的本意是人文世界的化成，即由"文"到"化"的过程，即为依天地之道而化成人的世界的过程。可以说，中国古代先人对于"文"和"化"的阐述富含

"天人合一"的思想，是有其进步意义的。

在西方，"文化"最早被赋予"精神"的理解和含义，例如，在德国学者萨穆埃尔·普芬道夫的著作中，他将"文化生活"等同于"精神生活"。14—17世纪的文艺复兴运动则将"文化"理解为动词，意为"培养才智、锻炼举止"。后来，西方学者将"文化"一词不加限定地加以使用，以至于对文化的定义数不胜数，达到400多种。

1871年，英国人类学家泰勒在其《原始文化》一书中第一次对文化做了较为系统的归纳和总结。他认为："文化是一种复杂体，它包括知识、信仰、艺术、道德、法律、风俗以及作为社会成员获取的任何其他能力和习惯。"[①] 后来，美国社会学家奥格本对文化的定义进行了修正："文化是复杂体，包括实物、知识、信仰、艺术、道德、法律、风俗以及其余社会上习得的能力与习惯。"[②] 加拿大学者马歇尔·麦克卢汉则认为："文化总是体现为各种各样的符号，凡举人类的器具用品、行为方式，甚至思想观念，皆为文化。"[③]可见，人们对"文化"的认识和理解是一个过程，对"文化"的阐述没有终结性的结论。

随着历史的发展，现如今，人们赋予"文化"更深层次的含义和理解。笔者认为，我们对"文化"概念的界定应该是在综合中国古代传统和西方思维范式的基础上，借鉴和批判各种观点，提出自己新的、有价值的看法和理解。本书根据马克思、恩格斯关于文化的思想论述，认为文化是在人类社会实践的基础上产生和创造出来的精神生产和精神财富的总和。根据这个定义，我们可以从以下几个方面来理解文化。

第一，文化是一个实践的过程。"化"本意也为造化、生成，是一个实践、变化发展的过程。实践本身就是一个主观见之于客观的活动。人类在实践的基础上创造了文明，创造了文化。文化形态也是一个随着实践不断变化发展的过程，从古至今产生了原始社会文化、奴隶社会文化、封建社会文化、资本主义社会文化、社会主义文化等，未来还会产生共产主义文化。文化随着实践的发展而发展，稳定是相对的，变化则是绝对的。

第二，文化是一种精神生产方式。1844年，马克思、恩格斯合著的《神圣家族》一书中第一次使用"精神生产"这一概念，马克思、恩格斯指

---

① 泰勒：《原始文化（第1卷）》，连树生译，上海译文出版社1992年版，第1页。
② 奥格本：《社会变迁》，王晓毅、陈玉国译，浙江人民出版社1989年版，第2页。
③ 马歇尔·麦克卢汉：《理解媒介——论人的延伸》，何道宽译，商务印书馆2000年版，第4页。

出:"甚至精神生产的领域也是如此。如果想合理地行动……"①这里明确地提出"精神生产"这一概念。马克思、恩格斯将文化归入生产的行列,认为它也是经过一定的方式所产生的有价值的东西,所以认定为精神文化生产。

第三,文化的精神生产是推动历史发展的重要力量。精神文化生产属于意识范畴,马克思、恩格斯论述精神生产的作用时指出"有无数个力的平行四边形,而由此就产生出一个总的结果"②,"融合为一个总的平均数,一个总的合力,然而从这一事实中决不应做出结论说,这些意志等于零"③。这个合力包含许多单个的意志,这里所说的意志是精神文化的范畴,是多种意识产生的合力。精神文化生产推动着物质文化的生产,最终推动着历史的发展。也就是说,精神文化生产是推动历史发展的合力之一。

文化的客观存在构成文化环境。本书认为,对人类生存和发展产生直接或间接影响的文化因素的总和即文化环境。文化环境是社会环境的重要组成部分,与其他政治环境、经济环境等社会环境相区别。文化环境的主要形态表现为四个部分:一是精神表现形态,如社会的风俗习惯、行为方式和交往规则中展现出的文化环境。二是理论表现形态,如哲学、法律、道德等人文科学中讲述的文化环境。三是物质表现形态,如凝结了文化观念和精神寄托的各种博物馆、纪念馆、人文景观等。四是虚拟表现形态,如网络文化环境、新媒体文化环境、微文化环境等。

文化环境的特点有以下三点。

第一,民族性。民族性是指文化环境中主要表现为本民族的风俗、习惯、交往方式、价值观念等极具民族特征的特性。例如,在汉族聚居地,这里的文化环境将会有强烈的汉族文化的烙印。而在其他少数民族,如回族、藏族、蒙古族等的聚居地,这些地方的文化环境也会体现其民族的特点和风格。文化环境的民族性再次印证了前文中"人是社会的人,并受周围环境的影响"的观点。

第二,时代性。迄今为止,人类社会的发展经历了原始社会、奴隶社会、封建社会、资本主义社会和社会主义社会五个阶段,每个阶段都存在着相应的文化环境,每个文化环境的变化都影响了当时人们的思想观念和

---

① 中央编译局:《马克思恩格斯全集(第2卷)》,人民出版社1957年版,第62页。
② 中央编译局:《马克思恩格斯全集(第37卷)》,人民出版社1957年版,第462页。
③ 中央编译局:《马克思恩格斯全集(第37卷)》,人民出版社1957年版,第462页。

价值行为,并把人们塑造为那个历史时代所需要的人。历史发展到了今天,伴随着互联网和信息科技的发展,文化环境再次打上了时代的烙印,各种科技文化、媒介文化、网络文化、微文化等层出不穷,都是时代影响文化环境的结果。

第三,意识形态性。文化具有意识形态性,文化环境是文化各要素的总和,因此,文化环境也天然地具有意识形态的属性。在阶级社会中,阶级社会文化的总和构成文化环境,文化环境受到当时社会生产力和生产关系的制约,并由当时社会的经济环境和政治环境所决定,因此从本质上讲,文化环境的存在样态、具体内容、表现形式等都是阶级社会统治者的意识形态的具体反映。需要特别注意的是,特定意识形态支配下的文化精神,如核心价值观会成为这个民族或国家的精神支柱和价值灵魂。

(二) 文化环境的分类

1. 宏观文化环境和微观文化环境

根据文化环境的覆盖范围,可以将文化环境分为宏观文化环境和微观文化环境。所谓宏观文化环境,是指对所有社会成员的思想都能够产生影响的具有主导性的文化环境,通常指的是国家的整体文化环境。微观文化环境,是指只针对局部或特定范围中的社会成员产生影响的文化环境。微观文化环境是小环境,主要表现为家庭、社区、学校、单位等的文化环境。宏观文化环境由于其影响范围大、覆盖面广,所以对整个国家的文化发展方向具有决定性作用。但对于个体而言,微观文化环境基于特定的活动对象和范围,对个体的影响作用更为直接。为什么不同的人在相同的宏观文化大环境中,思想道德和价值观念却相差万里?根本原因除了个体的差异外,就是微观文化环境的不同。宏观文化环境和微观文化环境是一种辩证统一的关系。一方面,宏观文化环境具有主导性,决定着国家文化环境的发展方向,制约和影响着微观文化环境的形成和发展。另一方面,微观文化环境是宏观文化环境的基础和前提,无数个微观文化环境聚集起来就会形成宏观的文化环境。总的来说,人的价值观念和思想行为的形成需要宏观文化环境和微观文化环境的相互结合,共同促进。

2. 现实文化环境和虚拟文化环境

根据性质的不同,可以将文化环境划分为现实文化环境和虚拟文化环境。现实文化环境是指在现实生活中存在的、物质设施所负载的各种文化要素所构成的文化环境的总称，通过各种社会舆论、风俗习惯、道德规范表现出来。人是现实存在的个体，毫无疑问，现实文化环境对个人的思想和行为具有重要影响。虚拟文化环境主要是指在虚拟空间存在的、影响虚拟空间成员的思想形成与发展等的各种文化因素所组成的文化环境。网络文化环境是一种典型的虚拟文化环境。也就是说，网络文化环境中发挥作用的文化因素主要是虚拟的网络。本书所研究的"微文化环境"也是一种虚拟文化环境。在微平台、微媒介这些虚拟的空间里，移动互联网本身所具有的开放性、多元性、互联性等特点，让"微民"很容易接收到不同的文化观念、伦理道德、意识形态等，并对自己的人生观、世界观、价值观产生影响。这一影响过程常常具有隐秘性、间接性、长期性、潜移默化性，有时不容易察觉但对个体有着重要的、深远的影响。从现在的社会发展来看，虚拟文化环境甚至比现实文化环境对大学生的影响更大，我们必须高度重视虚拟文化环境的导向性，发挥虚拟文化环境对大学生的积极作用。

3. 积极文化环境和消极文化环境

根据影响效果的不同，还可以将文化环境分为积极文化环境和消极文化环境。积极文化环境是指正面的、向上的，能够对社会成员的思想和行为产生积极影响的文化环境。消极的文化环境是指负面的、向下的，对社会成员的思想和行为会造成不良影响的文化环境。一般来说，积极的文化环境可以提升社会成员的道德素质和价值观念，而消极的文化环境则不利于社会成员良好的思想品德的形成。因此，我们要努力建设积极的文化环境。特别要注意的是，积极的文化环境和消极的文化环境有时候是不能截然分开的，例如，本书研究的微文化环境，既有积极的一面，也有消极的一面。这就要求我们在现实生活中，要注意推崇文化环境中的积极因素，批判和排除文化环境中的消极因素，尽量为人们价值观的形成创造良好的文化氛围。

（三）文化环境对价值观形成的功能

马克思主义认为环境创造人，同时人也创造环境。在实践活动中，人创造了文化环境，同时文化环境又塑造着人。文化环境对人的价值观形成的影响主要表现在教化、认同、提供精神动力等方面。

1. 文化环境的教化功能

所谓教化，是指运用各种有形或者无形的手段，以文化环境中处于中心地位的核心价值观念、主流思想信仰以及各种行为规则等来教育、规范全体社会成员，并最终实现对社会成员的内化和认同的行为。文化环境的教化功能主要体现在以下两个方面。

第一，社会核心价值观念的教化。文化环境的核心是世界观、人生观和价值观，本质上体现的是统治阶级的意志和思想观念。因此，文化环境对社会核心价值观念的教化主要是要求人们按照符合统治阶级意志和思想观念的社会思想和价值观念来规范自己的思想和行为，并使其内化为人们的思想道德素质的组成部分，最终达到通过核心价值观教化、影响人们的思想和行为的目的。

第二，社会角色的教化。社会角色是指人们在社会系统中所处的位置、地位和身份。社会角色不同，表明社会分工不同。只有每个人扮演好各自的社会角色，做好各自的社会分工，社会才能和谐稳定地运行。文化环境通过对人们社会角色的教化，促使他们形成符合各自社会角色的思想道德和价值观念，有利于社会的稳定和发展。

总之，通过文化环境对人们的教化，使人们的思想和行为等符合特定社会的要求，也表现出文化环境对人的思想和行为的塑造作用。

2. 文化环境的认同功能

认同（Identification）原是一个心理学名词，现在也广泛应用到文化学、教育学当中。文化环境的认同功能是指通过文化环境的熏陶和感染，使社会成员形成共识和统一。其本质就是让一定群体的人们形成共同的价值观念和行为认可。实现文化环境认同的方式有很多，一是可以通过民族或者国家共同的风俗习惯、纪念活动等，使人们产生共同的认识，形成相同的价值观念，增进民族认同和国家认同。二是可以通过兴建和修葺各种民族文化馆、历史博物馆、人民英雄纪念馆等，用可视的、物质的文化环境促进人们的心理共鸣，增强人们对民族和国家的认同感和凝聚力。三是可以通过提出社会共同的价值观念，把不同民族的人们团结起来，形成共同的精神追求。在我国，社会主义核心价值观就是当代中国人民共同的社会理想和精神追求。在社会主义核心价值观的指导下，全国人民团结一致，形成强大的社会力量，进行中国特色社会主义事业建设，创造举世瞩目的"中国奇迹"。

3. 文化环境提供精神动力的功能

人与动物的不同在于人不仅需要物质的满足，更要有精神的追求。个人和社会的发展都需要精神的支撑，这就是文化环境提供精神动力的功能。

文化环境为人们提供这种精神动力，人们把这种外在精神动力内化为自己的思想道德和价值观念，就会获得推动自己自觉行动并不断发展的内在力量源泉。文化环境提供的这种精神动力，还可以激发人们的积极性、主动性和创造性，把价值观念转变为人们的价值行为，推动社会的不断发展。例如，在民主革命时期，当时中国共产党创造的文化环境氛围就是"为实现民族独立而斗争"，在这个时期涌现出许许多多的战斗英雄，如抗日英雄杨靖宇、赵一曼、爆破大王杨根思等，他们的战斗精神鼓舞无数儿女舍生忘死、奋勇杀敌。在20世纪50年代的抗美援朝战争中，黄继光舍身堵枪眼，邱少云为了不暴露目标一动不动，直到被烈火烧死的事迹激励志愿军战士在艰苦的环境中与敌人作战，最终取得了胜利。在社会主义现代化建设的新时期，我们通过评选"感动中国年度人物""全国道德模范""全国诚信模范"等活动，营造出向先进人物学习的文化环境，也引导人民树立诚信、友善等积极向上的价值观。

二、价值观是文化的核心

（一）价值观的内涵

价值观是人对外界事物进行判断的标准，也是人对一切信息的深层次认知与解读。换句话说，价值观是人们对"真善美""假恶丑"等事物的基本看法和评判，并通过这种评判去影响自己的行为。每个人都有自己的价值观，价值观的形成是一个变化、发展的过程。深入理解价值观，我们要注意以下几点。

第一，价值观和社会主体的活动是一种互动关系。一方面，人的价值观从社会实践中产生，并随着社会实践的变化而变化。另一方面，人的实践活动又受到价值观的影响和指导。

第二，价值观是一定主体的价值观。个体会因为个人经历、所处环境、岗位阶层、宗教信仰、受教育程度、风俗习惯等的不同而形成不同的价值观。价值观的外在表现差异主要是由个体的不同利益需求决定的。

第三，价值观的变迁具有一定的历史必然性。价值观在人的社会实践活动中形成和发展，而人的社会实践是动态的，人的社会实践的不断成熟和升级促进了社会的发展。因此，价值观必然会随着社会实践的发展而变迁。

（二）价值观是文化的灵魂

价值观是人的价值观，因此，主体性是价值观的基本属性。价值观形成的过程也是物趋近人的过程，或者应该说，具有客观需要的现实主体是价值关系的核心[①]。价值观是文化的灵魂和核心要素，代表着文化的基本性质，体现的是文化的深层次意义，更在一定程度上体现了社会发展的要求。在任何一种文化体系中，价值观都占据核心地位，贯穿文化发展的整个过程，决定着文化的基本性质和主要方向。

（三）价值观对文化的作用

价值观是文化的灵魂和核心，在文化中居于特殊地位，其对文化的作用主要体现在创造、凝聚、导向（引领）三个方面。

第一，价值观对文化的创造功能。价值观是人们在实践中形成的对客观事物的作用、意义、重要性等的认识和评价。正是因为有了价值观，不同的个体才有了评判事物"真善美"或者"假恶丑"的标准。不同的价值观会引导个体产生不同的价值取向和价值行为，最终产生不同的行为效果。一般情况下，正确的价值观会引导人们用一种积极的、向上的态度进行实践，并产生好的实践结果，而错误的价值观则会对人产生比较消极的、盲目的影响。一方面，整个社会的文化氛围为个体价值观的形成创造文化环境，另一方面，价值观主体具有独立性、创造性。每个主体对文化内容的理解不同，在接受的过程中就会形成新的意识观念和内容，这些意识观念和内容再通过文化的形式转化和表现出来，就会创造出新的文化环境。在这样反复传输、转化的过程中，文化被不断地创造和创新，形成动态的文化环境。

第二，价值观对文化具有凝聚功能。价值观的凝聚功能是指通过共同的价值观念来凝聚价值主体共识，增强成员向心力和凝聚力，最终实现其

[①] 林岳新：《多元文化背景下青少年价值观培养研究》，中国社会科学出版社2011年版，第63页。

共同目标。如前所述,价值观根据群体的不同,可以分为各个群体的价值观。群体有了共同的价值观和价值选择,就有了共同的利益目标,从而更容易增强凝聚力。因此,在具体的教育实践活动中,价值观的这种凝聚功能会让教育者有意识地进行文化选择,在教育的过程中有意识地过滤掉负面的文化,对教育者输入积极的文化因子,并在积极的文化因子中加入符合这个群体利益和目标的文化内容,从而起到对文化环境的凝聚作用。

第三,价值观尤其是核心价值观对文化具有导向(引领)功能。价值观是文化的核心,从根本上讲,文化认同即价值观的认同,文化冲突即价值观的冲突。对于社会中存在的多样状态的文化,价值观尤其是核心价值观对文化具有导向和引领功能。这主要表现在两个方面,一是对文化环境中的消极因素进行批判和过滤,二是对文化环境中积极的文化要素进行引导。通过主流价值观的引导,消除低俗文化、媚俗文化等不良文化的影响,弘扬社会主旋律,净化文化环境,从而引领文化向健康方向发展。当前,社会主义核心价值观是我国的核心价值观,体现了我国的社会主义性质,对所有文化都具有导向和引领作用。

总之,马克思主义社会存在和社会意识的关系原理和马克思主义的科学环境观是探讨文化与价值观两者关系的理论基石。依据马克思主义基本理论,笔者认为文化与价值观是一种对立统一的关系。一方面,文化构成价值观生成的重要环境,价值观的形成及塑造离不开文化环境这一客体状态的影响和作用。另一方面,价值观是文化的核心,价值观的内容和品格会对文化环境建设产生重要作用,决定了文化的基本性质和状态,特别是核心价值观对文化的引领作用。

第三章 大学生价值观形成的微文化环境

近年来，与移动互联网、数字化技术和智能手机的迅速发展相伴随，以微博、微信、微课、微电影、微公益等的广泛应用为标志，我们进入了"微时代"。"微时代"产生"微文化"。微文化的逐渐兴起并蔚然成风，是现代科学技术和文化现象的一次新的"世纪联姻"，形成了人类文化发展史上的新景观。微文化鼓励个性风格的张扬，强调自主情感的表达，主张自我价值的实现，使人们拥有了更多的表达思想的空间。微文化正日益成为当今社会一种新兴的、重要的文化形态。

当前，微文化已经成为影响大学生价值观生成的重要环境。微文化的形成和发展，给大学生的学习、工作、生活、娱乐带来了丰富和便捷，同时对他们的价值观念和行为产生了深刻的影响，呈现出许多新变化、新动向。本章主要是结合大学生价值观的概念和特点，深度、全方位地解析影响当代大学生价值观形成的微文化环境。

第一节　大学生价值观概述

大学生比其他群体肩负更多的历史使命，他们能否健康地成长关系到国家和民族的未来。大学生树立正确的价值观对培养新时代的接班人、中华民族的伟大复兴以及自身的全面发展有着重要的意义。

一、大学生价值观的概念和特点

（一）大学生价值观的概念

如前文所述，不同的群体因为年龄、工作、知识、利益等的不同，有着不同的价值观念。因此，价值观根据人群的不同可以划分成不同的种类，如大学生价值观、知识分子价值观、工人价值观、农民价值观等。

在我国，大学生是社会构成中的一个重要群体。一方面，他们人数众多，接受系统化的高等教育，学习先进的文化知识，有着较高的科学文化素养。另一方面，大学生价值观的形成受到大学生成长经历、心理情况、生活环境、知识水平等的影响，不同的大学生有着不同的价值观。总体来说，与中学阶段相比，大学生在大学期间独立意识逐渐强化，判断能力逐渐增强，价值观逐渐形成，学会用价值观指导社会实践。同时，随着社会实践的变化，大学生又不断修正原有价值观和形成新的价值观。

总之，本书认为的大学生价值观，是指大学生群体在社会实践过程中，面对"真善美""假恶丑"等价值问题时所持的价值选择和价值判断。大学生价值观既有这个群体的共性，又有个体大学生的个性。共性价值观反映的是这个群体的共有特点，个性价值观是每个大学生特有的，对个体的影响也更大。

（二）大学生价值观的特点

作为一个具有普遍共性的群体，大学生在价值观上具有较为独特而同一的特征，有必要对其共性进行单独的研究。具体表现为以下几方面。

第一，变动性。变动性又可称为不稳定性，是指大学生的价值观还处于一种不成熟、不稳定、可塑造、可变化的状态。心理学研究认为，人的价值观的形成是一个复杂的过程。幼年时期（0～12岁）主要处在对社会的感知阶段，价值观没有形成。少年时期（12～18岁），自我意识开始觉醒，处于价值观逐步形成阶段，但还不稳定。青年期（18～35岁）是价值观形成的重要阶段，价值观逐步走向成熟。成年期（35～60岁），价值观已经成熟，不会轻易发生变化。大学生正处于青年期（18～35岁），此阶段是大学生身心发展的重要时期，情绪波动大，容易被外界影响。他们期待独立和自我，但又不够成熟，大学生价值观具有变动性和可塑性。

第二，批判性。大学生是我国接受过系统教育和高等教育的群体，整体文化素质较高。与高中死记硬背的学习方式和整天24小时受老师监控的生活方式相比，大学的生活相对自由和独立。大学生感受到了摆脱束缚的愉悦感，喜欢根据自己的判断做出选择。然而，大学生活和社会现实并不像他们心中所想的那么美好，学习问题、生活问题、恋爱问题等方面的现实与他们的理想发生了比较强烈的冲突。对自由和独立的渴望赋予他们明显的批判精神。他们不愿意再成为别人说教的对象，也不愿意人云亦云，他们勇于和敢于运用各种新媒体、微平台发出自己的声音，表达自己的观点，呈现出显著的批判性特征。

第三，时代性。社会存在决定社会意识，价值观是一种社会意识，必然会受到社会变革的影响。大学生被称为"时代的弄潮儿",与其他群体相比,他们的"嗅觉"更灵敏,更容易捕捉社会发展的新动态,更愿意运用社会发展的新技术,更关心社会发展的新问题,因此具有更强的时代性特征。就拿现在入校的新一代大学生来说,他们是"握着鼠标长大的一代",他们在初中、高中的时候就会玩微信、微博,会制作 WORD、PPT 文档,会拍摄视频等,时代的发展在大学生身上留下了深深的烙印。

第四,多元性。改革开放是强国之路,是决定中国命运的关键选择。改革开放 40 年来,我国政治、经济、文化等各方面都发生了翻天覆地的变化。与此同时,伴随着改革的进行,我国的文化形态呈现出以马克思主义一元为主导、其他思想多元存在的局面。大学生的价值观是我国社会发展状态的微观缩影,当代大学生的主流是坚持马克思主义理论为指导,积极践行社会主义核心价值观,同时又有自己求新求异的个性,兼收并蓄多种价值理念,呈现出多元、包容的特点。

二、大学生树立正确价值观的重要意义

大学阶段是大学生价值观形成和发展的重要时期,在此阶段内,大学生在实践中逐渐形成了自身的价值观,又在实践中对自身价值观进行进一步的检验,形成新的价值观。大学生比其他群体肩负更多的历史使命,他们能否健康地成长关系到国家的发展和民族的未来。因此,大学生树立正确的价值观有着重要的意义。

(一)培养新时代的接班人

2017 年 10 月,中国共产党第十九次全国代表大会胜利召开。党的十九大做出了"中国特色社会主义进入新时代"的重要判断,"新时代"成为我们理解当前所处历史方位的关键词。中国特色社会主义进入新时代,给我们描绘了中华民族伟大复兴的光明蓝图,也为大学生实现自己的理想、目标、人生价值提供了最好的发展机遇。

党的十九大提出了"培养担当民族复兴大任的时代新人"的战略要求。大学时期是人生发展的重要时期,是世界观、人生观、价值观形成的关键时期。怎样处理好理想与现实、学习和恋爱、个人与集体、竞争与合作的

关系，怎样做人，怎样和同学相处，怎样思考，怎样判断和选择，都需要正确的价值观指导。青年兴则国家兴，青年强则国家强，大学生是祖国的未来和希望，只有坚持正确的价值观指引，才能勇立潮头，成为新时代的接班人。

（二）实现中华民族伟大复兴

中华民族曾经创造了辉煌灿烂的华夏文明，尤其是在汉唐时期最为鼎盛，世界各国纷纷前来学习和朝拜。即使是在清朝的前中期，中国也是世界大国，在世界民族之林占有重要地位。但是，从清朝中晚期开始，清政府盲目自大，闭关锁国，国内贪污腐败盛行，清朝岌岌可危。伴随着鸦片战争的爆发，西方列强用钢甲铁炮打开了中国的大门。强弩之末的清政府在一场场失败的战争之后，签订了一系列割地赔款的不平等条约，整个国家和人民陷入灾难之中。中国开始了半殖民地半封建社会的历史。特别是在1937年后，抗日战争全面爆发，无数仁人志士抛头颅、洒热血，奋勇杀敌，百姓流离失所。国家不独立，何谈经济发展？

在中国共产党的领导下，中国人民经历艰苦的斗争，终于迎来了最终的胜利。1949年中华人民共和国的成立，标志着民族独立的开始。然而，经过多年的战争蹂躏，国家一片狼藉，满目疮痍。中国共产党又领导中国人民在一穷二白的基础上开始进行伟大的社会主义建设。其间，有成功，也有曲折。1978年，以邓小平为代表的党中央做出了"改革开放"的重要决策，党的十二大明确提出"建设有中国特色的社会主义"，指明了我国社会主义建设的方向。随后，历经几代中国人的努力，历史发展到了21世纪，在以习近平同志为核心的党中央的正确领导下，全体中国人民正意气风发，走在民族复兴的大道上。习近平总书记指出，我们现在比历史的任何时期都更加接近中华民族伟大复兴这个目标。大学生是民族的希望，是国家的未来，是实现民族复兴的中坚力量。在这个民族复兴的关键时刻，当代大学生必须树立正确的价值观，坚定理想信念，志存高远，脚踏实地，才能真正成为担当民族复兴大任的时代新人，承担起自己的历史使命和时代责任。

（三）促进个人全面发展

实现人的自由而全面的发展，是马克思主义追求的重要目标。个人的全面发展是指人的体力和智力的全面发展，具体到大学生而言，是指大学生在大学校园里要实现学习能力、交往能力、管理能力、表达能力等多方面的全方位发展。而这些能力的全面发展需要正确价值观的指导。

首先，正确的价值观具有指引作用。正确的价值观是人们在长期的社会生活实践中形成的，代表整个社会先进的价值观念，它能够为大学生提供正确的价值导向。例如，大学生树立正确的学习观，就会始终牢记"学习是学生的首要任务"，就会正确处理好学习和恋爱、学习和兼职、学习和社团活动等的关系。大学生树立正确的恋爱观，就会尊重和爱惜伴侣，对恋爱负责。大学生树立正确的就业观，就会在大学期间好好学习，锻炼自己，增强本领，才能在激烈的就业竞争中脱颖而出。反之，错误的价值观则会对大学生产生不良的影响。

其次，正确的价值观具有动力作用。正确的价值观犹如一座灯塔、一面旗帜，为大学生健康成长树立了正确的前进方向。很多大学生尤其是大一新生进入大学的时候觉得很迷茫，因为没有高中老师24小时的监督，自律性大大减弱，很多人都在宿舍里睡懒觉、追剧、打游戏，碌碌无为，以至于荒废了大学四年的美好时光。等到大学四年混完，开始找工作，才发现自己没有一技之长，面试屡屡碰壁，成为"就业困难户"。出现这些问题的根本原因就是大学生一开始就没有正确的价值观做指引，才会由最初的迷茫，慢慢变成懒惰，不思进取，不求上进，最后变成一事无成。因此，大学期间树立正确的价值观是非常重要的，它可以帮助大学生设立适合自己的理想目标，坚定理想信念，提升自己的道德观念和综合素质，最终实现大学生的全面发展。

第二节 什么是微文化

一、微文化的概念和功能

（一）微文化的概念

"人总是文化的人，人的世界在某种意义上就是文化的世界"①。人类每时每刻都生活在文化之中，受文化影响的同时，又不断创造着新的文化。移动互联网的快速发展和各种微媒介的广泛使用，催生出一种新的文化形态——微文化。

从发展哲学的角度看，微文化作为人类生活的精神升华，其基本的内容和形式必然会随着科学技术的发展而发生种种变化。那么，到底何谓微文化呢？

麦克卢汉认为："每一种新媒介的产生和运用，都宣告我们进入了一个新的时代。"② 微文化的兴起是以微博的诞生为表征与标志的。2006年，美国人埃文·威廉姆斯最早创办了 Twitter 网微博，在美国迅速掀起了一股微博风暴，奥巴马竞选总统时也在 Twitter 网上开通了微博，与粉丝互动，塑造亲民形象，为大选最终获胜助了一臂之力。微博风暴很快来到中国，2008年，中国第一家微博网站——饭否网开张，但因为种种原因，并未真正流行，最后黯然离场。直到2009年，新浪门户网站推出了"新浪微博"，利用名人效应推广微博，终于大获成功。继新浪微博后，网易、搜狐、腾讯等门户网站也陆续开始建立起自己的微博平台，2010年因此也被称为"微博元年"。2011年被称为"微博壮年"，各种微博呈现出迅猛的发展势头，"仅新浪微博就有1亿多名用户注册使用"③。微博成为社会热点话题的滋生地和扩散器，全国性的"围脖热潮"此起彼伏。

---

① 衣俊卿：《文化哲学》，云南人民出版社2005年版，第3页。
② 马歇尔·麦克卢汉：《理解媒介——论人的延伸》，何道宽译，商务印书馆2000年版，第37页。
③ 殷俊、喻婷：《"微时代"下市民生活习俗的变迁》，载《江西社会科学》2012年第12期。

微博的流行促进了微文化时代的来临。微博之后,一系列的以"微"字打头的概念和现象,如"微课""微小说""微电影""微公益"等如雨后春笋般纷纷破土而出。2011年,腾讯公司正式推出了"微信",这是一款集文字、图片、语音短信、视频聊天等多种功能于一体的手机应用软件。与微博主要是向未知的群体发表自己的想法不同,微信更倾向于向已知的群体展示自己的生活,并以其卓越的移动社交功能,迅速在中国大地走红。2017年微信用户数据报告显示,截至2017年11月,微信月活用户共计9.8亿,接入微信的公众号已达1 000多万个。微信的广泛使用,极大地推动了微文化的进一步壮大和发展。

总的来说,"微文化"发端于微博的"破土而出",壮大于微课、微小说、微电影、微公益等的"陆续加盟",蓬勃于微信的"无微不至"……2010年"微文化"入选年度新词语,2011年"微"当选为年度汉字,2014年"微文化"当选为年度中国十大学术热点(列第四位)。"微"已经成为21世纪中国特有的文化表征,以"微"字命名已然成为一种潮流,我们也随之进入微文化时代。

微文化的出现,引起了理论界学者们的广泛关注,并日益成为研究热点。科学界定微文化的概念,是我们进一步深入研究微文化的基本前提。目前,关于"微文化"的概念并无统一定论,学术界主要有以下三种观点。

第一种观点认为,微文化最早是在20世纪90年代,由一个叫"微"乐队的主唱麦子提出的。"微"乐队通过演出传播自己的微文化理念,宣扬"生命本微""微即温暖"的"麦氏理论",认为"微文化是一种积聚的力量,通过一些看似微不足道的行为,不经意间却改变了人们的生活"①。第二种观点认为微文化最早发端于微博,可从微博的角度来界定微文化,微文化就是指因微博而衍生出来的一切以"微"为特点的思想观念和行为方式②。第三种是从传播学的角度来界定微文化,认为微文化是多元而分散的社会主体在以数字技术和网络为核心的新媒体公共平台上共同创造、传递、分享和沟通信息而形成的传播文化③。

上述三种说法各有一定的道理。但是,第一种观点对微文化的界定不

---

① 石裕东、刑起龙:《微文化内涵初探》,载《湖北工业大学学报》2013年第3期。
② 游敏惠、袁晓凤:《"微文化"传播对当代大学生价值观的影响及对策》,载《青年探索》2013年第4期。
③ 陈业林:《微文化语境下大学生思想政治教育探析》,载《广东广播电视大学学报》2014年第6期。

第三章 大学生价值观形成的微文化环境

符合严格的逻辑规范，不能作为学术研究的基础，并且麦氏理论的核心侧重于将微文化与人性结合起来进行探讨，这与我们当前所感受到的微文化现象有一定差距。第二种观点充分认识到了微博的出现对于微文化现象形成的关键性作用，并且对微文化的特征做了"注重个体和微观发展"的归纳，但还不全面和深入。第三种观点从传播学的角度来界定微文化，却忽略了微文化作为文化的本质特征。

本书认为，根据理论界关于"文化"的理解，结合微文化产生的时代背景、主要特征、发展趋势等，可以对微文化做这样的概念界定：微文化是指进入21世纪后，随着移动互联网技术的发展，人类所创造的具有明显的关注个体和微观发展的行为方式、思维方式、生活方式及价值观念等的总和，包括物质文化、精神文化和制度文化三个方面。物质文化主要是指移动互联网技术，数字通信技术，掌上电脑、智能手机等设备制造技术等，这是微文化能够产生和发展的物质基础。精神文化主要指的是一种关注个体和微观、凸显个性需求和力量的思维方式及价值取向。制度文化主要指的是与微文化发展、监管等相关的各项规章制度和伦理规范。

与微文化概念关系最密切的是网络文化。要完整准确地理解微文化的概念，还应对微文化与网络文化的关系进行辨析。这是两个既密切联系又相互区别的不同概念。

从联系上来说，微文化和网络文化都是基于网络技术在全社会的广泛应用而产生的新的文化形态，都是人们在进行网络活动时所形成的物质、精神、观念等文化因素的总和。所以从根本上说，两者具有同质性。

但两者之间的区别也很明显，主要表现在以下三个方面。一是从产生的时间顺序上来看，网络文化在前，微文化在后。网络文化早在20世纪70、80年代就已经兴起和发展，而微文化直到21世纪的第二个十年才开始慢慢萌芽和壮大。二是从产生的环境基础来看，微文化产生的环境基础是移动互联网和数字化技术的发展，而网络文化产生的环境基础是传统互联网，此处的网络包括"信息网络和互联网络"[①]，因此，网络文化中的"网络"的范围更宽泛。三是从概念的内涵与外延上看，微文化特指在移动互联网时代关注个体、注重微观发展的文化现象，而网络文化包括所有基于网络的文化活动及价值观念等，网络文化的范围明显要大于微文化。总的来说，对二者的关系我们可以理解为：微文化本质上是网络文化的延伸和

---

① 万峰：《网络文化的内涵和特征分析》，载《教育学术月刊》2010年第4期。

发展，是网络文化在移动互联网时代发展的最新文化形态。

（二）微文化的主要功能

微文化作为一种以科学技术为基础的文化形态，它关注个体的发展和自我价值的提升，极大地改变了人们的思维方式、行为方式、交往方式和消费方式。微文化的功能主要表现在以下几个方面。

1. 信息传播功能

文化只有经过传播才具有价值和生命力。微文化传播的主要内容是信息，它主要借助微博、微信等平台与微视频、微小说等形式将信息进行传播与交流。只要有移动互联网、Wi-Fi、智能手机，再加一个微博、微信账号，任何人都可以用微平台发布自己的信息，每一个人都是信息源。曼纽尔·卡斯特在《网络社会的崛起》一书中指出"流动空间乃是通过流动而运作的共享时间之社会实践的物质组织"①。意思是说，网络使流动空间成为可能，流动空间与地方空间同时并存，共同为社会服务。移动互联网使超时空的信息传播成为可能，"微民"可以在同一时间观看不同地点发生的事件，并可在第一时间给予评论，这在以前是不可想象的。此外，微博、微信的强大功能使人们可以利用这些微平台推送文字、观看图像、传送语音、发表言论，极大地拓展了人的视觉、听觉、语言、思维等器官功能，多维度地、立体性地促进了信息的快速流动和传播。

2. 沟通交流功能

微文化从产生之日起就具有交流沟通功能。新浪微博的推广口号是"随时随地发现新鲜事"，"微信之父"张小龙设计的微信登录界面就是一个人站在地球的一端默默思考，微信的口号是"微信是一种生活态度"，也指出了微信从创立之初就是以沟通交流、加强人们之间的联系为目的和宗旨的。而事实上，人们也发现，通过微博，人们在陌生的群体里也能找到共同感兴趣的人和事，也能对一些热点话题发表自己的看法，一起沟通交流。通过微信，人们找到了久未联系的发小、老乡、老师和朋友，再续多年前的情谊，而现实生活中形成的一个个工作群、学习群也可以帮助人们更好地沟通交流。通过沟通交流，人们可以联络感情，传播自己的观点和知识

---

① 曼纽尔·卡斯特：《网络社会的崛起》，夏铸九等译，社会科学文献出版社2006年版，第50页。

第三章　大学生价值观形成的微文化环境

给更多的人。

3. 娱乐消费功能

当今社会发展节奏不断加快，人们的生存与生活压力也越来越大。娱乐消遣是缓解紧张压力的方法之一，当前人们借助微平台进行娱乐身心的方法多种多样。一是在繁忙的工作之余浏览微博、微信上的一些新闻消息、文章链接等，还可以查看一些微信公众号上推送的文章，作为一种休闲放松的方式。二是可以观看微视频，暂时忘却工作的烦恼。三是可以参加网上发起的"微公益活动"，在帮助别人的同时也可以愉悦自己的心情。四是可以玩各种微信游戏解压，例如，微信上风靡一时的《王者荣耀》游戏就成为人们休闲娱乐的首选活动。总之，微文化时代下的娱乐方式趋向多样化，人们可以根据自己的需要，选择适合自己的娱乐形式。但同时要注意的是，要平衡好娱乐和工作的关系，不能沉迷于各种娱乐活动而放弃了正常的学习和工作。

消费也是微文化的重要功能。在传统互联网时代，如果说人们的消费还受台式电脑、网络的限制的话，那么，在移动互联网时代，智能手机、数据流量、Wi-Fi 全面普及使人们的消费更加便捷。支付宝、微信支付等在悄悄地改变着人们的支付方式，人们出门基本上不需要带现金和银行卡，消费购物用支付宝或者微信就够了。网络上曾流行过一个笑话，说的是一个小偷觉得现在小偷行当越来越难做了，原因是人们出门都不带现金，无钱可偷，纷纷转行了。由此，总结出打败小偷的不是警察，而是微信和支付宝！这虽然是一个笑话，但也折射出微文化时代人们消费方式的变迁。一方面，微信支付、支付宝支付等支付方式给人们带来了消费的快捷、便利，另一方面，这种便捷很容易造成消费的"无意识化""盲目化"和"指尖血拼"。一些大学生感叹，自从用了微信支付后，花钱没有感觉，钱用得特别快。但是在看到一些促销、打折后又忍不住用手机下单、微信支付，整个消费处于一种"购物狂欢"的盲目、无意识之中，"拇指族""剁手党"比比皆是。此外，由于微信的风靡，基于微信平台出现了一种在微信朋友圈售卖货物的"微商"，这是一种基于熟人关系的新型的销售和购买方式。由于微商的进入门槛低，售卖货品也良莠不齐，因此，微商在给人们提供新的消费选择的同时，也急需政府等相关部门加强规范和管理。

4. 教育引导功能

任何文化都具有教育引导功能，微文化因为传播范围广、速度快的特点，其教育引导功能更加明显。微文化的教育引导功能主要是通过传播信息来对人们进行导向和教育，从而影响人们的价值观念和价值行为。微文化具有个性化、自我化的特质，这就要求教育工作者在运用微文化进行教育引导时，必须改变传统的教育模式，要注重关心每个学生的自我特点，改"灌输"式教育为"引导"式教育，去权威性，达到平等的沟通、平等的互动，真正做到"以学生为中心""因材施教"。此外，在社会引导上，要注重培养有理性、有担当、有社会责任感的微博、微信"大V"，通过他们多向社会传递正面信息，多传递"正能量"，对社会上的其他人进行正确的引导。

5. 舆论舆情功能

"网络舆情是社会发展脉络中公众社会态度、取向和评价结果在网络上的投影，是不同社会群体、阶层利益和社会需求在网络上的话语表达。"① 微文化的舆论舆情功能主要体现在两个方面：一方面，微民通过微博、微信等平台，表达民意，发表评论，其中既有对国家发展、社会民生等重大问题的期盼，也有对关系到自己切身利益问题的诉求和宣泄。另一方面，微博、微信等正在成为中国最大、最有力的舆论监督平台，形成了新的民间舆论场，改变了社会舆论的格局。2018年5月，"严书记女儿事件"就是微文化发挥舆论舆情功能的体现。

"严书记女儿事件"始末如下：

2018年5月11日，据成都本地知名博主@成都网友小张爆料，成都金苹果爱弥儿幼儿园班上有位女孩打同学，老师对她进行了批评教育，并决定安排她一个人坐。后来这位老师把应汇报到幼儿园园长那里的座位安排误发到了班级所在的家长群。家长们在群里热议此事，很快，这位打人的女同学的家长李某在群里公开对老师质问：你对"严书记"的女儿说这话是什么意思？言语中，李某的态度非常嚣张，网上舆论一片哗然：严书记是谁？这么大来头？经过网友人肉搜索，严书记就是四川省广安市委副书记严春风，并在网上曝出严书记的照片。网络"严春风舆情"愈演愈烈，5月14日17时02分，四川省纪委监察委网站发布消息，四川省纪委监委已及时介入调查核实。5月18日，据四川省纪委监委消息：广安市委副书记严春风涉嫌严重违纪违法，接受纪律审查和监察调查。

---

① 张春华：《网络舆情社会学的阐释》，社会科学文献出版社2012年版，第10页。

"严书记女儿事件"充分体现了媒体爆料、舆论跟进、纪检监察机关果断介入所形成的良性互动,也是继"我爸是李刚"事件后,微博、微信等平台发挥舆论舆情功能、助力反腐的又一典型案例。

本人跟踪的微信好友乐同学也多次在微博、微信朋友圈转发了"严书记女儿事件"的进展,表达了他对这件事的关注和态度(如图3-1所示)。

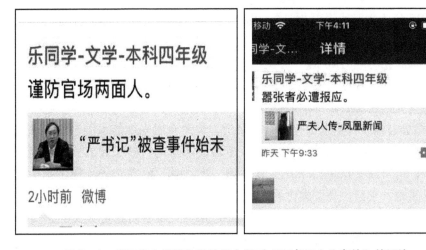

图3-1 乐同学在微博和微信朋友圈对"严书记女儿事件"的评论

二、微文化的主要表现形态

微文化是一个大的集合体,自其迅猛发展以来已影响人类生活的方方面面,可以说是无"微"不至。根据个体命名的原因,大致可将微文化分为三类。

第一类是因其作为微媒介载体而形成的微文化,主要以微博和微信为代表。麦克卢汉指出,"任何媒介对个人和社会的影响,都是由于新的尺度产生的"[①]。一个时代真正有意义的讯息是这个时代所使用的传播工具的性质及它带来的社会变革。微文化时代的到来以微媒体的诞生为表征与标志。可以说,没有以微博、微信为代表的微媒体平台的出现,就不会有微文化时代的到来。而微媒体的产生也印证了麦克卢汉几十年前关于"媒介即信

---

① 马歇尔·麦克卢汉:《理解媒介——论人的延伸》,何道宽译,商务印书馆2000年版。

息"的预判。微博和微信是目前最主要的微文化表现形态。

第二类是因其内容微小而命名的微文化,以微电影、微视频、微小说、微课等为代表。微文化突出一个"微"字,这里的"微"与"大"相对应,是"微小、简洁"之意。微电影、微视频、微小说也都强调"内容简短",如微电影、微视频一般时间限制在 30～300 秒,微小说的字数一般不超过 140 字。尽管时间短、字数少,却能言简意赅地阐述出深刻的道理,例如,2017 年十大微小说《拆迁》,用简短的语言道出了一个母亲不愿意拆迁的真正原因——等待失踪的女儿回家。故事很短,却让读者动容和深思。这就是微文化的魅力所在。

第三类是因其行为微小而命名的微文化,以微公益、微讨论、微调研、微实践等为代表。"微"不仅体现在内容上的简洁,还体现在行为上的"微小"。微公益强调每个人的行为微不足道,但聚合起来就能水滴石穿。微讨论、微调研、微实践也是"微时代"下流行起来的一些工作方式,虽然行为微小,但是只要沉下心来,不搞"假、大、空"的花架子,在工作中就能看见实效。它们也是微文化的表现形态。

需要说明的是,以上对微文化所做的分类,并不能囊括微文化表现形态的全部。我们相信,随着微文化的蓬勃发展,将会有越来越多的"微"事物加入微文化中。由于篇幅有限,本书仅选取微博、微信、微电影、微课、微公益作为微文化的主要表现形态进行描述。

1. 微博

微博(Microblog),即微型博客,其设计理念是"随时随地,无处不在的沟通"。在微博之前,博客也曾一度风靡中国,著名影星徐静蕾开通的"老徐的博客"也曾让她成为中国的"博客女王"。但是,自微博产生和流行后,博客这一形式就被抛弃了,原因主要是,微博的短小精悍和功能强大更适应现代人的快节奏生活。由于时间的有限和碎片化,人们不愿再去博客上絮絮叨叨,反而热衷于在微博上用简短的文字抒发心情,人们把发微博的行为形象地称为"织围脖"。当前,新浪微博是最流行的微博门户平台。在影视界,微博粉丝的数量成为检验一个明星人气的最直接验证。

大学生是微博的主要使用群体,虽然现在微信是大学生使用最多的交流工具,但微博仍然有自己不可比拟的优势。一是微博的信息量比微信更加庞大,对热点问题的聚焦比微信更快、更多,很多大学生使用微博的原因也是为了接受更多的讯息。二是微博是虚拟的平台,"陌生性""虚拟性"是其显著特征,而微信是"半熟人"社交,大部分微信好友都是真实的。

出于对隐匿身份的渴望，大学生更喜欢用微博这个虚拟平台来倾诉想法和宣泄情感。

2. 微信

微信是腾讯公司在 2011 年推出的一款可以发送文字、照片、视频，支持多人语音对讲的即时通信聊天软件。当前，微信以其强大而便捷的功能，已经成为人们最常用的沟通方式。运用微信，人们可以发送文字或语音进行沟通聊天，可以微信购物，可以打车，还可以在微信朋友圈发照片，倾诉情感，也可以订阅"微信公众号"，收取"订单制"的信息，还可以开通属于自己的个人公众号，成为流行写手和微信"大V"。可以说，微信的出现使用户体验得到极大的满足。此外，微信的传播主要以微信好友为主，是一种"私密性""强关系""半熟人"传播模式，传播基础和内容比微博更可信。

大学生也是微信的主要使用群体，在此次调查中发现，微信在大学生中使用的比例达到了百分之百，并且 75.3% 的大学生使用微信已经超过五年以上。90.94% 的大学生使用微信的首要原因是"方便联系"，可见沟通交流是微信的重要功能（如图 3-2 所示）。

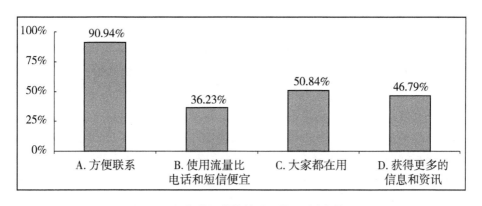

图 3-2 "你使用微信的原因是？"调查结果

3. 微电影

微电影是指专门制作的、剧情短小但故事情节完整的短片，也可以称为"微视频"。微电影一般放映时间较短，最初限定在 30～300 秒，现在也有时间加长的说法。微电影具备电影的所有要素——时间、地点、人物、主题和故事情节，在短时间内讲述一个完整的故事，时间虽短却能引人思考。作为一种新兴的影视艺术，微电影已经渐渐渗入人们生活的方方面面，影响并改变着传统的观影模式与传播方式。2010年，影视明星吴彦祖拍摄的《一触即发》被认为是微电影"开山鼻祖"之作，此后微电影作品层出不穷，产生了《老男孩》《眼睛渴了》《看球记》《青春不散场》《回家的路》等优秀作品。微电影一时间成为影视界的时尚代名词。近年来，国内知名的大型门户网站如搜狐、腾讯、土豆、优酷等都相继推出了自制微电影，推动了微电影的进一步发展。人们对微电影的评价如图3-3所示。

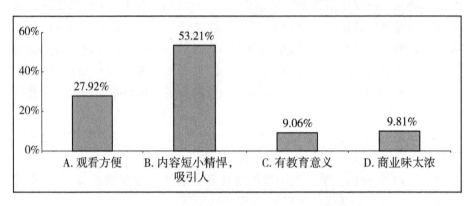

图3-3 "你对微电影的评价是？"调查结果

2018年2月，香港导演陈可辛用一部iPhone X拍摄的微电影《三分钟》刷爆了朋友圈（如图3-4所示）。影片讲述了一位列车员妈妈在火车到站后停留3分钟与儿子丁丁见面的故事。影片开始，火车徐徐进站，列车员妈妈忙碌地安排乘客下车、上车后，终于见到了朝思暮想的儿子丁丁。就在妈妈泛着泪花，想要激动地拥抱儿子时，惊讶的一幕发生了：儿子在妈妈面前背起了乘法口诀，一一得一，一二得二，一三得三……孩子稚嫩的声音在火车站回荡，伴随着火车鸣笛的催促声，妈妈着急地让孩子别背了，让妈妈看看你，抱抱你……可是孩子还是坚持要背完乘法口诀。这时，妈妈才想起她曾经对儿子说过，如果记不住乘法口诀表，就不能上我们镇的中心小学，更见不到妈妈了。原来，妈妈说的话，儿子不仅一直记着，还当真了。影片最后，儿子的乘法口诀终于背完了，可是短短的3分钟时间也到了，妈妈还来不及和儿子拥抱就要回到工作岗位，与儿子挥手再见了。影片在片尾放出了一张张普通人在站台上相拥、亲吻、欢笑的团圆照片。可是在这些家庭团圆的背后，是无数铁路职工的默默奉献！很多人看完这部微电影，眼眶都湿润了！虽然只有短短的3分钟，却传达出铁路工作人员"舍小家、顾大家"的动人情感！

图3-4　陈可辛拍摄的微电影《三分钟》

4. 微课

微课是为了阐释一个知识点而录制的一种主题突出、短小精悍的在线教学视频。黎加厚教授定义微课"是10分钟以内集中说明一个问题的，和学习单元活动结合起来的小课程"[1]。总的来说，微课的特点，一是目标明确，主题突出。微课因为时间短，只有10分钟左右，因此学习目标往往只有一到两个，相比时长45分钟，要完成多个教学目标的传统大课堂来说，微课的学习目标更明确，主题也更突出。二是充分运用多种教学手段，教学效果好。微课充分运用PPT多媒体课件、微视频等多种教学手段，将专家点评、课后练习等配套要素有机结合成一个整体，创设一个短小、完整的教学环境，让大学生有很强的"代入感""情境感"，能比传统课堂起到更好的教学效果。

微课也给当前高校思想政治理论课教学改革提供了新的思考路径。笔者基于微课教学理念，对自己讲授的"思想道德修养与法律基础"课进行了"微课"教学探索，分别以"理想""爱国主义""人生价值""人生环境""道德""恋爱观""社会公德""大学生就业""法律的本质""宪法的特征"为主题，录制了十节微课，取得了较好的教学效果。另外，笔者还开通了广工思修课之"微言大义"公众号，通过讲述微课，和学生进行互动，实现教学相长（如图3-5所示）。

5. 微公益

微公益是指公众借助微博、微信等新媒体平台，从微不足道的小事着

---

[1] 黎加厚：《微课的含义与发展》，载《中小学信息技术教育》2013年第4期。

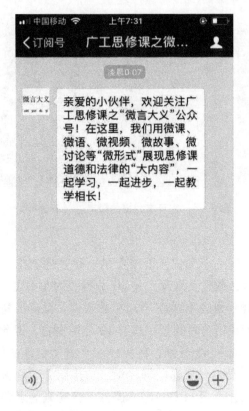

图3-5 笔者创办的微信公众号"广工思修课之'微言大义'"

手,帮助他人,奉献爱心的一种志愿行为。微公益提倡从微小的帮助开始,一粒米、一滴水、一分钱、一次微博接力、一次微信转发等,都可以人人参与、人人奉献,最终达到"润物细无声"的效果。在思想道德教育层面上,微公益更强调志愿精神和公益理念可以内化为人们价值观的一部分,达到思想政治教育理论与实践的统一。

微公益的特点,一是在主体上,对活动发起人没有严格的限制,任何人都可以成为活动的发起者和参与者,强调"人人参与、人人奉献"。二是在客体上,微公益倡导的是"聚沙成塔"的理念,强调"众人拾柴火焰高",每个人都献出一点爱,就能汇聚成爱的大江大河。三是在技术支持上,以微博、微信、社交网站等为代表的新媒体技术的持续发展,为微公益的推进提供了平台推广和技术支持。微公益与传统公益的区别,见表3-1。

表3-1 微公益与传统公益的比较

内容	传统公益	微公益
发起者	通常由公益组织发起,广大公众都只是参与者	公众拥有发起活动的自主权,任何人都能借助网络发起微公益
参与方式	现场捐助	线上线下相结合,支付宝转账、微信支付等方式更为常见
宣传平台	电视、广播、报纸等	微博、微信等新媒体
捐赠形式	主要以现金和实物	形式多样,除现金和实物外,还出现了以物易物、转发跟帖等多种帮助方式
影响力	比较有限	经过微博、微信等平台转发后,容易产生强大的舆论效应

在调查中我们发现,很多大学生都参加过微公益活动,如微博上发起的"爱心午餐"活动,还有很多大学生在微信平台上发起、参与或者转发"轻松筹""水滴筹"等活动,主要是帮助家庭困难又患重疾的人。关于微公益,人们的评价见图3-6。

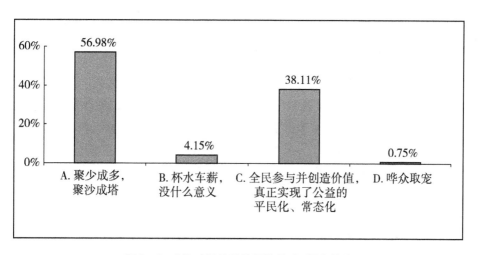

图3-6 "你对微公益的评价是?"调查结果

针对微公益的访谈,谨摘录如下:

（访谈 12 号）

问：你听说过"微公益"吗？

答：听说过。

问：那你参加过"微公益"活动吗？

答：参加过。2018 年 1 月，网络上曝出了"冰花男孩"王福满的故事，他好像是云南的一个留守儿童，因为每天要在零下几摄氏度的低温下走很远的路去上学，到学校时头发和眉毛已经被风霜黏成雪白，成为"冰花"造型而引起同学们的嘲笑。我看了那张照片好心疼。后来有人在微博上组织了"青春暖冬"微公益活动，我看到后捐了 100 块钱，虽然钱不多，但是我的一点心意吧。

问：你如何看待微公益？

答：我觉得这种形式挺好的，让每个人都有做善事、献爱心的机会。参加了这次"青春暖冬"微公益活动后，我也有一些感触。我觉得那些山区的孩子很不容易，在自然条件这么恶劣的情况下依然坚持学习，和他们相比，我们的学习条件真的太好了，有空调，有单车，但还是有学生早上上课会迟到，这真的太不应该了。我觉得我们都应该向"冰花男孩"学习。

（访谈 16 号）

问：你听说过"微公益"吗？

答：哦，这个听说过啊。

问：那你参加过"微公益"活动吗？

答：参加过很多。主要是微信平台上转发的一些"水滴筹""轻松筹"活动，最近参加的一次是我的一个高中同学在微信上转发的。他的一个表弟 17 岁，得了白血病。家庭很贫困，父母都是农民，为治病已经花费 30 多万元，家里能卖的都卖了，还欠了很多钱。实在没办法了，就借助微信平台发起了"轻松筹"活动。

问：你对微信平台上发起的"轻松筹""水滴筹"活动怎么评价？你觉得可信度高吗？

答：我听说现在在微信平台上发起的"轻松筹""水滴筹"等活动，审核还是很严格的，要求提供患者的真实身份证明、患者的就医情况证明、发起人与收款人的关系证明等。另外，听说还要签发起人承诺书。我觉得还是有一定可信度的吧。这些"轻松筹""水滴筹"等微公益活动，主要是基于微信平台发起的，你知道其实微信朋友圈是个半熟人圈，我还是愿意相信这些微公益是真实的。但是基于财力有限，如果是一般的朋友有困难，我一般捐助 10 元，熟悉一点的、关系好一点的朋友我会捐 50 元或者 100 元。

在笔者跟踪的微信好友黄同学的朋友圈中，她也在微信平台上转发过类似的求助信息，如图 3-7 所示。

图 3-7　黄同学的朋友圈转发的"轻松筹"信息

三、微文化的价值意蕴

价值（Value）是一个古老又常新的话题，最初是政治经济学家的用语，是"效用""效益"的意思，后被广泛应用到经济学、哲学等领域。现代哲学对"价值"的本质理解，大致有"客体说""主体说"和"关系说"等几种观点。我们倾向于"关系说"，认为"应以主体和客体之间的关系来规定价值，是一定客体对于社会主体的生存、发展及其结果的意义"[①]。依照

[①] 杨信礼：《马克思主义价值论与当代中国价值观的建构》，载《山东社会科学》2008 年第 2 期。

"关系说",微文化的价值即是微文化的产生给人类社会生存带来的重大变化和影响,也可以称为微文化存在的合理性。探究微文化的价值合理性,是微文化理论研究的逻辑进程使然,具有重要的现实意义。本书认为,微文化的存在价值主要体现在以下三个方面。

(一)时空界限的完全突破

时间和空间是个体存在的两个基本维度,也一直是哲学探讨的重要问题。在传统互联网时代,台式计算机笨重且难以移动,因而人们的学习和生活不得不限制于相对固定的时间和空间场域内。而移动互联网时代的到来,智能手机、平板电脑的迅速普及和微博、微信等新媒介技术的广泛应用,时空的界限被完全突破,这是微文化在技术维度的突出价值。

微文化带来的时空界限的完全突破,一方面表现在扩展了时间的长度和空间的维度。在微文化空间中,信息通过数字方式进行重组,借助微媒体,信息传播的速度、准确性大大提高,达到同步、实时的传输效果,使物理地域对交往的限制降至最低。例如,微博、微信等媒介和载体,基于移动互联网技术可以进行在线视频、在线语音,人与人之间可以跨地区、跨国家进行亲密无间的沟通与交流,交往的时间和空间领域得到极大的拓展与创新,古人在诗句中吟唱的"海内存知己,天涯若比邻"的美好愿景已经成为现实。另一方面表现在微文化实现了现实与虚拟交往的瞬时转换。微文化环境下,"移动社交"越来越成为重要的交往方式。人们无限穿越于"圈内"与"圈外"、"线上"与"线下"、"虚拟"与"现实",并随时随地进行着无缝转换,从而实现现实与虚拟交往的瞬时转换和随时互动,以至于模糊和消解了原本泾渭分明的时空界限,呈现出单一性和多重性、虚拟性和现实性等多重叠加的复杂特征。可以说,在微文化环境里,现实社会物理时空的限制被完全打破,移动互联网构建了一个超时空的网络生存环境。

(二)民主政治的广泛参与

民主是相对于专制而言的一种特定的政治活动方式。所谓民主,一般而言,就是"一种社会管理体制,在该体制中社会成员大体能直接或间接地参与影响全体成员的决策"①。在前现代社会中,政治活动和政治权利由于等级制度而被少数统治者垄断,广大被统治者则被排除在政治活动之外,沦为奴隶、农奴、宗教信徒或君主的臣民。工业文明社会的诞生改变了上述状况,政治活动逐渐成为公共化的社会活动。而在微时代环境中,基于微媒介即时化和交互化的传播特点,微文化前所未有地为平等和民主的价值追求提供了真实的平台,公民政治参与的主动性和广泛性显著增强。

微文化环境下,民主政治的广泛参与主要体现在三个方面。一是权利意识高涨。权利意识是建设民主法治社会的基础。微文化环境和移动互联网技术提供的多元表达平台,使得人们的权利意识得到了前所未有的表达和伸张,主要体现在"表达权""知情权""选择权""参与权""隐私权"等的主张和诉求。二是社会责任意识增强。"微博、微信等既是承载个体话语的私人空间,也是传递信息的公共空间。"② 人们通过微平台,既以"微"形式关注个体生存、社会百态,同时也积极关注具有公共意义的政治、社会事件,参与讨论,发表观点,公民政治参与的主动性和社会责任感显著增强。例如,2017年7月30日上午9点,庆祝中国人民解放军建军90周年阅兵在朱日和训练基地举行。阅兵结束后的当天下午1点9分,中国青年网微博就发出了《刚刚的大阅兵,向世界宣告四个重大信号》的博文,截至下午6点,阅读量已经突破41万,而新华社在当天下午发出的《主席同志,请检阅》的推文也在微信朋友圈得到广泛转发和点赞。人们纷纷在微博、微信推文的后台留言"撼山易,撼解放军难""爱我中华""祝愿祖国越来越强盛"等,表达自己作为中国人的自豪感和责任感。三是监督意识觉醒。微博、微信等微媒体为网络监督提供了更方便、更有效的渠道和平台,以其独特的影响力渗透到社会各个层面,许多腐败案件最先在微博、微信中得到揭露。从"郭美美事件"到"表叔""表哥"事件,网民们话语狂欢所产生的舆论力量一度影响了事件的进程和处理结果。"微博问政""微信反腐"等极大地促进了公民监督意识的觉醒,对整个社会政治和生活秩序都产生了深远影响。

(三) 个体关注的全面提升

个体是社会构成的基本要素,社会的可持续发展离不开每个个体的

---

① 科恩:《论民主》,聂崇信、朱秀贤译,商务印书馆1998年版,第8页。
② 罗迪:《微时代大学生思想行为新样态透析》,载《中国青年研究》2015年第4期。

参与。法国理论家莫斯科维奇早就在《群氓的时代》一书中敏锐地察觉到，个人的发现是现代社会的第一个首要的重大发展。"如果要问什么是近代社会最重要的产物，我说那就是个人。自从智人在地球上出现，直至文艺复兴时期，人类的视角总是'我们'（We 或者 Us），也就是他们的群体或者家庭。人们受到来自群体和家庭的重大责任和义务的约束。但是，一旦重要的航行、贸易和科学分离了人类社会的个的原子——那些有思想有感情的单个生物——以后，人们活动的视角就变成我（I 或者 Me）。"①

中国传统文化价值观主要关注集体、群体，强调集体的利益与价值。直到新中国成立以来，个体才逐渐进入人们的价值视野，个体的权利、意义和价值逐渐得到了关注和尊重。微文化时代的到来，伴随着微博、微信等新兴微媒介的日益成熟，个体更加成为时代的中心和焦点，个体自主意识也进一步彰显。人们的价值观从对精英、整体、贵族的追捧，走向对个体、大众、草根的认同，强调个体对自由、情感、趣味、快乐等的个性化需求，关注自我感受、自我表现和自我价值的实现，提倡对个体权利、个体创造力、个体生命的尊重。人们对微文化的看法如图 3-8 所示。

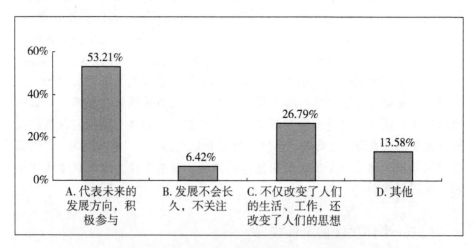

图 3-8 "你对微文化的看法是？"调查结果

微文化凸显的这种关注个体、关注个性的价值取向，也是社会发展的

---

① 莫斯科维奇：《群氓的时代》，许列民等译，江苏人民出版社 2003 年版，第 3 页。

理性选择。"中国走过21世纪的第一个十年之后,开始进入后福特主义阶段。大工业时代机器的多种功能被加以概括和浓缩,人们从对集体化、秩序化的'大'的过分推崇,逐步发展为对随和、个性的'微'的文化理想和审美理想的诉求。"① 从本质上讲,"微"其实是一种更亲切、更随和、更灵活、更人性化的生活方式和文化风格,它在主体性价值上实现了对个体关注的全面提升。微文化正在建构一种新的文化范式,"微"本身就是个性化需求的必然结果。它以移动互联网为基础,由关注宏观迈向关注具象,从追求宏大叙事到关注个体表达,"微文化所传达的文化理想和审美理想的重新建构,使它成为社会转型期文化转型的标志"②。

第三节　微文化的三维特征

微文化是一种进入移动互联网时代后逐渐形成并随着科技发展而迅猛发展的精神现象。作为一种新兴的网络文化形式,微文化正深刻地影响和改变着人们的现在和未来。为了更好地理解微文化,本书拟从技术、精神和主体性三个维度去阐述微文化的特征,以期对微文化的特征有更全面、更深入的把握。

一、技术之维

马克思主义认为,物质基础决定上层建筑。任何文化的产生、发展都离不开一定的物质基础,同样,微文化的产生与飞速发展也依赖于数字通信技术、智能手机、平板电脑等个人移动互联设备制造技术的发展,这是微文化产生和发展的物质基础。技术特征是微文化最基本的属性,其他特征都是建立在此基础上的。从技术的维度观察,微文化具有简洁性、即时性和互动性的特点。

---

① 唐平秋、李勇图:《微文化背景下大学生网络政治参与的现实审视与思考》,载《教学与研究》2015年第5期。
② 胡纵宇:《微文化的价值基础与教育影响》,载《社会科学家》2014年第11期。

（一）简洁性

"微文化"从字面意义上来看突出一个"微"字，但此处的"微"并非微不足道、微乎其微之义，而是以微小、微观的形式体现细致入微的生命力与影响力，融入和影响我们的生活。在这里，我们可以把这个"微"字理解为其内容的简洁，例如，微博限制在140字以内，微电影的制作时间限制在30～300秒等。微文化简洁的传播方式体现的是一种"碎片化"的信息传播，即将传统的话语传播方式进行分割，形成一种零散的分散化传播。这种简洁的信息传播形式非常适合当今快节奏生活下的受众接受，人们可以充分利用闲暇时间发布和获取信息。例如，微博是微文化最主要的表现形式之一，很多微博博主所发布的一些信息就是在等车的空隙或者走路的途中，突然对某一事物有自己的观点或者看法，然后马上就把这样的观点、看法写成文字或者拍成照片发布出去。因为微博字数限制在140字以内，所以文字通常都比较简短，主要是对场景的描述和自己的感悟等。这就体现了微文化信息内容传播的简洁性。正如有学者指出，传播和建筑一样，越简洁越好，你必须把你的信息"削尖"，好让它们钻进人们的大脑。如果想延长它留下的印象，就得简化，再简化。简洁性是微文化的主要特征之一。

（二）即时性

微文化传播的即时性是指其信息传播的便捷，可以使当前的状态随时与外部世界同步，几乎不存在时差。微文化信息的传播大大地简化了传统媒体传播的过程，其信息的采访与编辑的过程就是其出版与传播的过程，根本无须考虑排版以及印刷，人们只需要动动手指、点点鼠标，就可以即时获得或者发布相关的信息、观点与想法，因此，这样的传播几乎不存在时间差。

2011年7月23日晚，两列满载乘客的动车在温州发生剧烈追尾。几乎在事故发生的同时，新浪网友"袁小芫"发出了第一条求救微博，这条微博令数万网民在第一时间得知了这一信息。之后，随着一条条求助微博的发出，成千上万素不相识的人们迅速汇拢聚集，向伤者施以援手，展开了与死神赛跑的生命接力。这次事件，充分体现了微文化的即时性和强大生命力。微文化优越的即时性是任何传统媒介传播文化都无法达到的。

(三) 互动性

互动性是微文化传播中最具革命性的特征。罗伯特·拉罗斯和约瑟夫·斯特劳巴哈指出:"因为技术的发展使得传播媒体可以拥有特定的受众群并得到快速反馈,我们也开始越来越关注'交互'。"[①] 众所周知,传统媒体(如报纸、书籍、杂志、广播等)的文化传播模式遵循着"传播者发送传播的内容→通信介质传播→观众接受"的单向传输过程,在这样的流程当中,媒体处在一个绝对主动的位置,观众无法直接表达自己的看法或意见,只能被动地接受媒体发布的信息。

而微文化信息的传播就完全颠覆了这种受众被动的传播模式,在信息传递上综合采用了"多对一""一对多""多对多"等多种方式,实现了真正意义上的双向互动传播。这是信息传播史上的重大革命。"微民"可以通过平板电脑或者智能手机上的客户端来操作和实现互动,他们可以是接受信息者,也可以是发布信息者。例如,微信用户在发了一条信息后,其微信好友可以点赞、评论、语音留言等与其进行互动,方便而快捷。简言之,微文化中信息的传播让人们拥有了接受信息者和传播信息者的两重身份,同时获得了对信息的主动选择权、发表意见权和及时参与权等多重互动权利。

二、精神之维

任何一种文化都具备自己特有的精神属性,这体现了文化的价值取向和追求。从微文化的精神维度考察,微文化具有后现代性、去中心性和平等性等特征。

---

① 罗伯特·拉罗斯、约瑟夫·斯特劳巴哈:《信息时代的传播媒介》,清华大学出版社2002年版,第15页。

（一）后现代性

后现代主义肇始于20世纪50年代末至60年代初，最初出现在建筑领域，后来又扩展到文学、艺术、音乐、哲学等领域，成为一股综合性的哲学文化思潮。后现代主义打破了中心论，拒斥稳定系统和决定论，主张以更深广的气度去宽容不一致的标准。而具体到中国的特殊语境中，则表现为以微博、微信、微电影等为代表的多向互动的微文化时代的到来。微文化几乎具备后现代主义的全部特征。表面上，"微文化"这一名词来自对一系列以"短小、即时、扁平"为特征的新媒体文化的提炼，实质上却昭示了后现代文化已日益渗入我们的日常生活，微博、微信、微电影等这些动态化、碎片化、即时化的新兴传播方式，某种程度上呈现出"文化已失去了中心，没有了连贯性和整体性，因此再也不能构建或规定我们生活的世界提供一个适当的解释"①，表现出了越来越明显的后现代文化症候。

（二）去中心性

微文化的去中心性指的是"微空间"里的每一个"微民"都具有自身话语的把控权，可以随时发布自己的所见所闻或者对某一话题进行个性化表达，也可以追随自己所信服的网络"意见领袖"的意见和态度。2016年1月，在距央视猴年春晚不到半个月的时间里，一篇关于《六小龄童春晚节目被毙》的帖子得到数百万人的转发和抗议，虽然后来证实"六小龄童春晚节目被毙"这一说法并不属实，六小龄童在微博上也公开声明从未收到过央视春晚的邀请，邀请他的只有央视戏曲春晚。这条微博被24万人哭着转发，84万人点赞，200多万人强烈呼吁要求六小龄童上央视春晚，否则就"弃看春晚"。虽然最终六小龄童还是没能登上央视春晚舞台，但是这一事件充分表明在微文化空间中，原有的中心与边缘对话模式被打破，"主流"与"边缘"的界限不再泾渭分明，权威不是在现实社会，而是在网络社会得到推崇，微文化体现出一种明显的去中心性的倾向。

---

① 迈克·费瑟斯通：《消解文化——全球化、后现代主义与认同》，杨渝东译，北京大学出版社2009年版，第1页。

（三）平等性

如前所述，微文化伴随网络信息技术的发展和移动互联网时代的到来而兴起。微博、微信等用户申请个人账号后即可发表自己的观点，通过"关注""转发"等可接收他人的信息，不受时间、空间的限制，方便快捷。这也意味着，任何一个人，无论他在现实中从事何种职业，居于何种社会地位，在微平台上都是相对独立、自由的个体，拥有完全平等的发言权。微民们可以根据个体需求和喜好自由表达情感，可以针对社会的某个热点问题自由发表意见，意见双方完全处于独立、平等的地位。微博、微信等平台和载体在微空间里创造了一个平等、民主的沟通氛围，这是话语平等性的直接体现。微文化的核心特质正在于其对个人的平等性和独立性的强调与张扬。

三、主体性之维

文化都是作为主体的人参与和创造的，微文化也是作为主体的"微民"参与和创造的文化，具备明显的主体性。从主体性的维度考察，微文化具有个性化、大众化和圈群化的特征。

（一）个性化

微文化比其他任何文化形态都更强调个人价值的尊重及个人价值的实现。个性化的特征在微空间里尤其得到淋漓尽致的体现。"微民"作为微文化主体，自我个性得到最大发展，获得了充分展现自我的舞台。在微空间里，没有既定的价值标准，也不存在统一的是非观念，人们可以尽情展现自我，敞开心扉，发表自己的观点，张扬自己的个性。例如，人们可以随时在微博上写下记录自己此刻心情的文字，可以发布自己喜欢的美食、美景照片，可以在微信朋友圈点赞，可以转发自己喜欢的帖子……个性的发展在微文化中得到充分的体现，个人的自由与创造力得到充分展示和发挥。

（二）大众化

微文化时代下，人人都可以是信息发布者，都可以是编辑，不需要拥有良好的文笔、丰富的知识、完美的情节……只要你想参与，就可以参与进来。这些信息大多数公开，可以共享。同时，由于信息的力量在于互动，传播速度越快，传播范围越广，其影响力与驱动力也就越大。例如，在移动互联网时代迅速成长起来的"微公益"，强调全民参与，共同创造价值。它充分利用了移动互联网自上而下的大众性、草根性、迅速传播性，使普通大众能够触及，通过一颗颗慈善的心，用小爱成就大善，真正实现了公益的大众化、平民化和常态化。微文化"削平"了文化的专业门槛，为大众构建了一个平等、自由的话语表达空间，开拓出一个泛大众文化群体，普通公众不再是被动的客体，而是文化的积极创造者和参与者。

（三）圈群化

几乎所有的"微文化"都有社交的特点，通过社交才能传播和流行，"圈群"就是由于微文化的社交化而产生的。这种社交以圈群为中心，形成了新的超越时间、超越空间的虚拟部落，如 QQ 群、微信群、微博好友群等。这些部落有较强的认同性，他们有的是基于熟人或朋友结成的个人关系群，有的是基于共同兴趣爱好结成的共同爱好群，有的是基于工作行业结成的行业交流群。还有的可能生活在完全不同的环境中，没有共同的空间位置，甚至有完全不同的作息时间，只是因为喜欢同一部小说，或喜欢同一个明星，或处在同一种生活状态中等而成为这个部落的成员，呈现出非常明显的圈群化。

第四节　微文化对人的存在方式的新拓展

微文化时代的到来，改变了世界的面貌，拓展了人类的存在方式。人类的存在方式，是指人类生存和发展的观念和方式的总和，主要包括生活方式、交往方式、认知方式等。人总是历史和现实的存在，任何一个可以称之为时代性的变革,本质上都是人的自我变革和重塑。深入地剖析微时代环境下人的存在方式的新变革、新拓展,已经成为我们应对"微时代"、建设"微文化"、促进人的全面发展的重大现实课题。

一、微文化拓展人的生活方式

生活方式是人为了满足生存与发展需要而表现出来的总体模式和基本特征。生活方式指涉广泛,包括衣食住行、劳动工作、休闲娱乐等物质生活和精神生活等。微文化时代的到来,使人们的生活、劳动、学习、工作等都面临着一个全新的环境,深刻地拓展了人们的生活方式,主要表现在以下几个方面。

第一,手机化生存成为新日常。随着移动互联网技术的发展,微文化环境下,手机(主要是指智能手机)被赋予更强的社交属性,为"微社交"提供了便捷的平台和渠道。霍华德·莱茵戈德在《聪明暴民:下一次社会革命》中提到新媒体全新沟通模式:互联网的力量从电脑转移到手机上,诞生了全新的社会现象、全新的沟通模式。当前,手机已经超越台式电脑、电视广播、报纸杂志等媒体,成为人类获取信息的最主要工具。互联网第42次统计报告显示,截至2018年6月,我国手机网民规模达7.88亿,网民通过手机接入互联网的比例高达98.3%。手机已经成为人们形影不离的伙伴。人们在手机中获取微信息、享受微交往、进行微支付,以至于"手机控""手机依赖症"比比皆是。可以说,手机已经成为我们日常生活中最重要的附属物,手机化生存已成为微时代人们最重要的生活景观。

第二,工作与闲暇时间的重叠成为新常态。在微文化时代,最重要的财富与资源是知识和信息,这成为推动社会发展的新的生产力。借助于移动互联网技术和微信、微博等新媒介,一方面,原有的工作场所的空间限制和物理性隔离被完全打破,移动办公、微博讨论、微信会议等各种新的办公概念正在流行,人们的工作和闲暇时间相互重叠已经成为常态,以至于完全模糊了二者原本泾渭分明的界限。另一方面,人们利用各种新媒体,即使在闲暇时间也可以创造财富。有很多人一边上班,一边上学,还在闲暇时间做"微商代购",即从事闲暇活动的"生活"时间客观上也是创造社会财富的"生产"时间,这样就打破了工作与闲暇时间简单分割的二元结构利用方式,增强了时间利用的弹性、灵活性和相互渗透性。

图 3-9 是笔者跟踪的大学生在微信朋友圈发的代购信息。

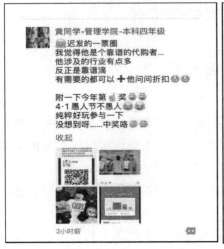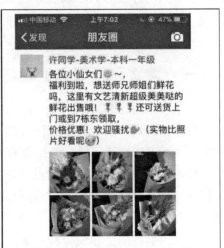

图 3-9　大学生在微信朋友圈发的代购信息

第三，碎片化阅读成为新趋势。传统意义上的阅读，主要是指人们从纸质书籍中获得意义和知识的一种连续性的实践活动。移动互联网技术的发展带来了阅读方式的革命性变革。微时代环境下，基于手机移动终端的碎片化阅读已成为日益流行的一种阅读方式，其特征表现在阅读状态由"固定"变为"流动"，阅读时间从"连续"变为"碎片"，阅读载体由传统书籍、报刊转向电脑、手机等终端，阅读场所由传统的教室、图书馆转向公交、地铁、食堂等，移动阅读充盈在人们无聊、闲暇、等候的碎片时间里。碎片化阅读的出现，迎合了现代人们紧张、快节奏的生活方式，是技术发展和文化环境变化的产物。

二、微文化拓展人的交往方式

交往方式是指人在生产和交往活动中结成的人与人之间关系的总和。交往是人的社会本性，人的社会关系的形成和发展离不开社会交往。历史上，人的交往方式、交往的时空范围及交往载体等一直受到交往工具、通信手段的制约。在古代社会，人们出行可以利用的交通工具只有人力、畜拉的车舆和帆船等，只能进行近距离的交往。封建社会自给自足的生存与

第三章 大学生价值观形成的微文化环境

交往方式，在每一地域内都形成了厚密的宗法血缘关系网络。20世纪，伴随工业革命而发生的以计算机和信息技术的发展为标志的交往手段革命，直接冲击着农业社会交往方式的宗法血缘性。而21世纪以来，以移动互联网和数字技术为核心的交往手段革命直接推动了微时代交往方式的深刻变革，极大地拓展了人们社会交往的范围，赋予了人类交往以新的内容。概括来讲，微文化对人的交往方式的变革表现在以下三个方面。

第一，交往手段丰富化。任何社会交往的实现，都要凭借一定的交往手段和媒介。交往手段按不同历史时期可分为前农业社会的交往手段、农业社会的交往手段、工业社会的交往手段和现代社会的交往手段。前农业社会时期，生产力极端低下，在相当长的时期内，人们的交往手段只有语言没有文字，人类社会交往的内容只能停留在代代相传的人的口头上和记忆中。农业社会时期，交往手段出现了文字和印刷术，这是继语言之后人类社会交往手段发展的第二个里程碑。如果说语言还必须借助人体的现场进行交往的话，那么文字和印刷术则使交往突破人类自身的界限，在一个更大的范围进行。在工业社会，伴随着19世纪以来的工业革命所引发的交通和通信事业的发展，这一时期人类的交往手段逐渐丰富，出现了电报、电话和无线电通信，交往工具则出现了蒸汽动力机、火车、轮船等，这大大拓展了人们的交往空间。到了现代社会，人们的交往手段更加丰富，有电子邮件、网络搜索、公共网络交流平台等。而微时代的到来，借助于微博、微信、QQ等新媒介，交往手段得到极大的丰富，人们之间的交往更加便捷，新的交往时空得以开辟。

第二，交往形式集群化。社会交往是人的基本存在方式，人必定是某个社群的一员。社群，即社会群体，是指由两个或两个以上的人所组成的集合。伴随着移动互联网的发展和微博、微信等应用软件的流行，人们依托网络平台和一定的社会关系联结起来成为共同活动的集合体，即网络圈群，这使得人类社会的交往出现明显的集群化特征。当前，微信群是人们参与程度最高、影响最广泛的网络圈群。与传统的完全基于虚拟关系而形成的网络社群（如校园BBS、天涯论坛、百度贴吧等）不同，微信群基于相对熟悉的现实关系而形成，具有强力聚集、更强用户黏性等特征，呈现出一种更为稳定的社群结构。微信群主要是基于学习班级、工作部门、籍贯地区、兴趣爱好等建立起来的小共同体，并根据交往关系的亲疏远近、交流频次等形成一定的网络层级架构，分为朋友群、同学群、工作群、生活群、兴趣群、购物群等。人们通过这种"微群"方式，重构了"小微"

69

共同体。其本质上是社会关系的移植和衍生,创造了人们互相传播信息、分享资源、交流观点的新公共空间。

第三,交往内容片段化。微文化环境下,生活节奏越来越快速、忙碌,人们没有像以往一样,有很多的时间和亲友团聚在一起,进行深度交流,而是呈现出交往的片段化、碎片化特征。主要表现在两个方面,一是交往形式片段化。微文化生动地体现了詹姆逊的"拼贴"理论,无论是微博的一声感叹、一张图片,还是微信的一个表情、一段语音,都无需深厚的文字功底和技巧,也不受逻辑和语法的约束,其内容主要与人们的日常生活息息相关,展现的是个人的点滴生活和心路历程,呈现出碎片化的状态。二是交往时间碎片化。当前我国正处于社会转型期,生活的忙碌性、复杂性和快节奏性把个人的闲暇时间切割成无数的碎片,人们不得不用乘车、等候等零碎的时间去进行交往。"140字微博的流行、微信语音时长的限制以及一分钟微视频的推广,充分证明了'微言微语'式的话语系统更容易受到快节奏生活方式人群的青睐。"①

为了详细深入地了解微博、微信对当代大学生的影响,笔者思政课堂上的一个学生真实地记录了她一天使用手机的情况。

记录人:黄同学(班级学习委员),记录时间:2018年3月16日,记录内容如下:

7点15分到16分:早上闹钟响了,拿出手机关掉闹钟,以及关掉要记录使用手机一天的情况的备忘录。

7点44分到8点30分:拿出手机戴上耳机听音乐,出门去饭堂吃早餐以及去上课。其间拿出手机登录微博去"超话"给"爱豆"签到,还看见了不少站姐发出我"爱豆"朱正廷的最新照片,他穿着白衬衫牛仔裤,脸上带着灿烂的笑容,依旧像天使一样美好,让我忍不住拿着手机多看了几眼,还边看边存图。本来想预习一下书本,但是最后看着看着竟然到了上课时间。

9点15分:第一节课下课,实在是太困了,决定拿出手机看看微信群有什么消息,顺便找点其他事做来提提神。最后刷了微博,看见了我"爱豆"朱正廷的最新行程以及路透照。刷到要上课了,我决定把手机关了。

---

① 毕红梅、李婉玉:《微时代社会思潮对大学生的作用机制》,载《思想理论教育》2015年第10期。

第三章 大学生价值观形成的微文化环境

10点05分到10点25分：继续戴着耳机听音乐，跟着闺密去高数教室，到高数教室后和朋友聊了一会儿，接着就上课了，我把手机收起来了。

11点11分：下课看同样喜欢朱正廷的朋友发来的消息，朱正廷以及他的临时团队给必胜客新出的薄脆比萨做新推广，并且还有随机发来的海报，在三天之内有效。于是我挣扎了一下，就发朋友圈问："今晚有没有一起去必胜客吃比萨的？"

11点12分：决定找同班同学小黎一起去。发消息问她，她立即回复了我，表示愿意与我一起去中环东路的gogo新天地，她想顺便去买一件衬衫。上课了，我们延误了几分钟才停止谈话。

11点30分：高数老师讲课令我感觉太困了，无法集中注意力听课。我一般采用做其他事情来转移注意力，于是我拿出手机刷了一下微博首页，看见了好友转的微博，还是让我提不起一点兴趣。接着刷，刷着刷着不小心睡着了。最后知道是抵挡不住困意了，只能把手机关掉。

12点：下课了，我拿出手机听音乐，对于我来说没有音乐不行，也习惯戴耳机听音乐了。耳机里循环播放着朱正廷唱过的《dream》和《sheep》。路上时不时打开微博去"超话"逛几圈，逛完朱正廷的，就去逛他的队友范丞丞和Justin的。

12点25分到13点31分：吃完饭回到宿舍又有时间看手机了。高中朋友找我聊天了，将她在大学生活里遇到的不开心的事情和我分享了，我也一直在安慰她。她似乎也很忙，和我聊了十来分钟就没有再回复我了。于是我打开"哔哩哔哩"，刷了一下《偶像练习生》的消息，看见了朱正廷的现代舞和民族舞，被他的舞姿惊艳，循环播放了好几次他的舞蹈，尤其是他夺得全国一等奖的《思思雨落》，以及《偶像练习生》一出场那个让我入迷的现代舞。本来打算13点睡觉的，但是因为沉迷他的现代舞无法自拔，最后因为太困了，13点31分才关手机睡觉。

14点10分到14点40分：一边走路一边看微信。虽然知道这样的行为很危险，但是高中同学难得找我一次，而且她情绪低落，我也不忍心不回复她的消息，于是边走路边回应，其间还收到了大学同学小黎的回复，说因为下雨她们没有上体育课，还约了体育课后在车站等。14点39分老师过来了，我匆匆地回复了高中同学一句话，就把手机关掉了。

15点58分到16点10分：体育课下课了，我不知道有什么办法能最快从板球场到车站，就拿出手机发微信问大学同学小黎。小黎回复她也不知道。于是我只有自己找。路上拿着手机戴着耳机听音乐，途中小黎在微信上问我什么时候到，我回复"差不多了，等我几分钟"。等到了后，我们一起坐车，把手机收回书包。

16点50分到17点04分：因为必胜客推出的这个套餐要两百多块，我最近为了支持"爱豆"推广的品牌已经花了很多零用钱，所以决定不在必胜客吃，我们最后决定吃酸菜鱼和泡椒田鸡，因为这次是我请客，所以我拿出手机扫了一下微信二维码，然后还去CoCo那边用网上点餐支付了两杯奶茶。饭菜上来的时候，我拿出手机拍了两张照片并发给了小黎，顺便刷了一下朋友圈看看有什么新消息，又翻了一下"乐华群"（这是我爱豆所在团队的团粉群），大家聊得都很开心，讨论着"乐华七子"什么时候来广州开粉丝见面会。她们的聊天提醒了我该去"大麦"这个软件搜一下Nine Percent见面会最新门票售卖情况，于是我登上"大麦"查看了一下，如今南京的门票卖光了，13日深圳的门票开始卖。我退出了"大麦"。

18点30分到20点：我们逛街。我用手机听音乐，买了两件衣服和一个包。因为想起朱正廷喜欢粉红色，于是我查看了一下手机的微信钱包还有没有剩余的钱，发现还够，就买了一件不太贵的粉色衬衫。

20点45分到21点17分：回到宿舍，用手机登上"超级星饭团"看看"爱豆"最新行程，顺便去"淘宝网"看了一下母亲节给母亲购买的手镯什么时候到，以及给母亲发了消息，她问我周末什么时候回家，想吃什么，想喝什么汤，我一一回答。聊了一会儿后，小黎换了新衣服来我宿舍想让我看看。我放下手机和她聊了好久。

22点34分到23点02分：小黎与我聊了很久才走。她走后我打开手机，打开日历那一栏写下第二天任务的备注：周四工图课借模型，十二周交作业。以及查了一下过几天的任务安排。发现一切都可以了，就又登录微信看看"乐华粉"群和"朱正廷微信粉"群大家都在聊什么。"朱正廷微信粉"群和以往一样呼吁大家轮博和做数据。为朱正廷做一个好看的数据，我也立即切小号轮了几十次博，而后"乐华粉"群全群艾特，把我切出来了，说Yoho！"乐华七子"的杂志的消息。我突然想起我还没有买，就下载了Yoho！的软件，登上了，发现杂志一本15块，但是邮费要10块，觉得有些不划算，又想起我还在排队等抽取限量的，于是还是没有下单，等以后看看再说。接着登录了Owhat，查看了关于朱正廷集资的消息，发现出了不少新站开启了集资，有卖写真集的，还有的是新站集资为他做数据的，我给了8元，然后退了Owhat。接着去微博"朱正廷超话"看了一下，又收到了站姐发的不少美图，于是我还顺便把我的桌面壁纸以及锁屏壁纸换成了朱正廷的新美图。接着刷到一个微博是一些珍珠糖小姐姐剪辑的朱正廷舞蹈视频，再次沉迷，接着舍友告诉我要熄灯了，快去洗澡，我才反应过来放下手机。

23点30分到23点56分：洗完澡后又刷微博刷了一段时间，还去群里看了看同是"乐华七子"粉丝的朋友们发的消息，顺便看看朋友圈发的"乐华七子"尤其是队长朱正廷的最新行程，据说5月11日"乐华七子"将举办出道发布会。我又去微博搜了一下有关信息，然而没搜到什么。最后太困了，我调好手机闹钟，就睡了。

三、微文化拓展人的认知方式

认知方式，最早被应用于心理学领域，指个体在组织和加工信息过程中所具有的个性化的和一贯的方式。20世纪40年代，美国心理学家威特金等人曾提出了著名的"场独立—场依存"的认知方式。现在认知方式也被广泛应用于哲学、社会学、传播学、文化学等领域。从哲学层面来讲，认知方式是指人们认识事物和获得知识的具体方式和方法，包括认知载体、认知意识、认知手段等。微文化时代的到来，也深刻地影响和改变了人们的认知方式，导致了人们认知方式的变革。这种变革主要体现在三个方面。

第一，认知载体从语言文字转向视觉图像。依据媒介传播方式的不同，法国作家迪布雷曾将人类社会不同时期依次描述为书写（Writing）时代、印刷（Printing）时代和视听（Audio-Visual）时代①。长期以来，人们主要通过语言文字来获得知识，认知世界。书信、报纸、小说等有大量语言文字的出版物，成为人们认知和把握世界的主要载体，这也就是迪布雷所说的以文字印刷出版物为主的"书写统治时代"。而微时代的到来，基于移动互联网、数字信息技术和各种微媒介的发展，文字的重要性逐渐降低，视觉图像成为人们主要的认知载体。可以说，我们处在一个历史上任何一个社会形态都从未有过的图像爆发期，各种集中、多样、强烈的形象信息和视听资料，充塞、渗透于大众的生活，人们倾向于和乐于把图像作为认知和把握世界的主要载体，即使不能完全用图像表达，人们也会尽量将文字表达简单化、形象化、符号化，成为视觉图像的组成部分和重要补充。

---

① 孙婷婷、骆郁廷：《图像时代的核心价值观认同教育》，载《教学与研究》2016年第1期。

在笔者跟踪的微信朋友圈中,很多大学生用大量的图像代替了烦琐的文字,甚至在很多时候不知道怎么表达语言的时候就会用图像来表示(如图3–10所示)。

图3–10　张同学的微信朋友圈

第二,认知意识从外部权威转向内部理性。认知意识是指人们在认识事物的过程中所展现出的一种心理活动。微时代倡导关注个体、关注个性的价值取向,"微"本身就是个性化需求的必然结果。微时代环境下,人们的认知意识逐渐从外部权威转向内部理性,这主要表现在两个方面,一是对权威的选择性认可。口传文化时代,社会上具有地位、权威和话语权的通常是年长者或经验丰富的人。印刷文化时代,活字印刷术的发明扩大了文化的传播范围,但仍然是以自上而下的传播方式为主。而在微时代,口传文化时代和印刷文化时代的那种单向信息传播方式发生了巨大的改变,交互式的信息交流使普通文化受众在接受文化时有了更多的"发声"机会。人们不再迷信权威,对社会精英、意见领袖、权威媒体的观点不再是全盘接受,而是进行综合性判断和选择性认可,呈现出明显的颠覆传统、挑战权威、去中心化的后现代主义特征。二是自我意识和理性意识的凸显。微时代环境下,微博、微信等给每个人提供了自由言说与文化创作的平台,还出现了很多草根大众操纵的"自媒体"和个人控制的"微信公众号",几乎人人都是信息的传播者。人们热衷于在以微博、微信等为代表的微平台上随时随地分享自己的新鲜事,强调个体对自由、情感、趣味、快乐等的个性化需求,关注自我感受、自我表现和自我价值的实现。同时,人们也借助微博、微信等平台,积极地、理性地参与对社会热点、国家大事的关注、思考和评论,自我意识和个性理性意识进一步凸显和展现。

第三,认知手段从平面单一转向立体多维。过去,书籍、信件、报纸等平面载体是人们认识和把握世界的主要认知手段。平面载体的线条性特征决定了它所显示的事物只能是平面的、单一的,容易限制人们的想象,束缚人们的思想。而微文化时代的到来,实现了移动互联网、手机网和电视网的三网合一,微博、微信、微小说、微视频等多种媒体和形式在移动网络上立体呈现,深刻地改变了信息传播与接受的方式。人们不再是仅仅通过单一的文字、数据进行阅读和感知,而是以"立体多维"的方式,用各种文本、图形、动画、音频、视频材料来生动地感受外部世界。

第四章
微文化影响大学生价值观的现状透视

人是文化的创造者，文化同样也塑造着人类。恩格斯曾经指出："我们当中的每一个人都或多或少地受着我们主要在其中活动的精神环境的影响。"① 根据第42次《中国互联网络发展状况统计报告》的数据，截至2018年6月，我国手机网民规模达7.88亿，互联网普及率为57.7%。无线网络的覆盖区域显著扩大，移动互联网的主导地位得到强化。从年龄结构上来看，以10～39岁群体为主，大学生是其中非常重要的一个群体。微时代环境下，"手掌之上"24小时移动上网，学生的学习生活、自我表达、社会交往等方面呈现出鲜明的时代特征。微文化凭借移动互联网"随时、随地、随身"的优点，并以其海量的信息资源、便捷的传播方式和及时的互动性、参与性，得到了大学生的广泛关注和喜爱。"手机控""微信控""微博控"的大学生越来越多。微文化极大地影响着他们的政治价值观、道德价值观、交往价值观和学习价值观。

第一节 微文化对大学生政治价值观的影响

政治价值观是人们对国家政治问题和社会发展大局的基本看法和根本态度。大学生政治价值观是指大学生对所处社会的政治制度和政治生活的基本看法和观点，它是大学生思想政治素质的集中体现，是大学生成长发展的"晴雨表"。微文化是以移动互联网技术为基础、以传送和接收信息为核心的一种文化，既为当代大学生政治价值观的形成提供了条件，同时又对其政治价值观的确立带来不可低估的负面影响。

一、政治关注渠道多样化

关注即关心和注意，是作为主体的人的一种心理活动，具有指向性、集中性。政治关注是借鉴认知心理学中的相关理论而形成的一个概念，是政治价值观的重要内容，是衡量大学生是否有政治意愿或政治意愿强弱的一个重要指标。具体来说，大学生的政治关注就是指大学生对影响国家政

---

① 中央编译局：《马克思恩格斯选集（第4卷）》，人民出版社1995年版，第622页。

权、公共权力运行、社会发展重大事件或活动的关心和注意。

调查发现,微文化环境下,伴随着移动互联网和各种微媒介的迅速发展,当代大学生政治关注的渠道和手段呈现出明显的多样化、便利化趋势,其中,微信、微博、网站、网络论坛等新兴媒介依次成为他们获取政治信息的主要来源(如图4-1所示)。

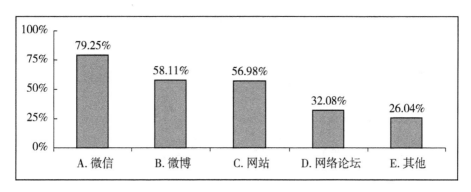

图 4-1　"当前你主要通过哪些方式获取政治信息?"调查结果

由图4-1可知,大学生当前获取政治信息的首要方式是微信,占79.25%;其次是微博,占58.11%;网站和网络论坛也分别占56.98%、32.08%。获取政治信息渠道和手段的多样化、便捷化,拓宽了大学生的政治关注面,推进了该群体对现实政治问题,特别是对与其切身利益相关问题的关注与参与,激发了大学生思考社会现实问题的积极性,直接影响了大学生政治关注中关注点的形成及其行为选择。通过问卷调查、半结构化访谈,笔者归纳整理了2015—2018年大学生高度关注的国内外大事(见表4-1)。另外,结合2018年上半年发生的大学生比较关注的"美国制裁中兴事件"进行了专题访谈。

表 4-1　大学生高度关注的国内外事件(2015—2018年)

事件	2015年	2016年	2017年	2018年
国家发展战略和重大举措	"一带一路"倡议取得重大进展	通过了"十三五"规划,确定了今后五年的经济社会发展方向和方针	雄安新区设立	2018年两会选举新一届国家机构领导人

续表 4-1

事件	2015年	2016年	2017年	2018年
执政党建设	十八届五中全会召开;"三严三实"教育活动全面展开	中共十八届六中全会召开;"两学一做"学习教育全面展开	中国共产党第十九次全国代表大会在北京胜利召开	全面贯彻落实十九大会议精神
先进文化建设	抗日战争胜利70周年隆重庆典和大阅兵	庆祝建党95周年,不忘初心、继续前进;纪念红军长征胜利80周年大会	建军90周年举行盛大阅兵	—
民生问题	我国粮食产量历史性地实现"十二连增";继续"打老虎"和整风	告别暂住证;中国全面放开二孩政策;网约车获得合法地位	高考改革沪浙两地"破题";中考改革全面推开;生育保险和医保合并试点启动	—
社会热点事件	屠呦呦获得诺贝尔医学奖;天津港爆炸事件	里约奥运会中国代表团取得26枚金牌的优异成绩;天宫二号、神舟十一号飞船升天	港珠澳大桥主体工程全线贯通;国产大飞机C919成功首飞	北京大学中文系"长江学者"沈阳违反师德事件;鸿茅药酒事件
国际大事	习主席访美,一场增信释疑之旅;亚投行的设立,开始展现中国在国际舞台上的影响力	成功主办二十国集团杭州峰会;英国公投脱离欧盟	特朗普就任美国总统;朴槿惠遭弹劾;"一带一路"国际合作高峰论坛举行	博鳌亚洲论坛2018年年会在海南举行;美国对华打响贸易战;习近平金正恩会谈;中兴被美国制裁事件

访谈记录如下:

(访谈15号)

问:你关注最近"美国制裁中兴事件"吗?

答:非常关注,因为我是信息技术专业的。

问:你最先是从哪里知道这件事的呢?

答:我最早从微信朋友圈看见有同学转发相关文章,才知道这件事,然后我马上到百度上搜索了相关文章。

问:你怎么看待美国商务部宣布的"对中兴实施为期七年技术禁售令,禁

第四章 微文化影响大学生价值观的现状透视

止美国公司向中兴直接以及间接出售零部件、商品、软件和技术"这件事？

答：我觉得这一制裁将会给中兴通讯带来比较沉重的打击吧。中兴应该是我国排名比较靠前的网络设备制造商，但是，尽管中兴在网络设备上拥有领先的优势，但在核心硬件芯片上，却不得不依靠美国厂商的产品。从长远来看，这肯定是靠不住的。

问：作为一名信息技术专业的大学生，你觉得关于高科技发展，我国以后应该怎样做？

答：尽管"美国制裁中兴事件"暴露出我国在核心技术中存在短板，但我始终相信我们有条件、有能力、有办法应对企业创新发展过程中的困难。同时，作为信息技术专业的大学生，我以后也准备读研读博，走学术研究的路。如果有可能，我希望自己能为我们国家核心技术的自主研发和突破贡献自己的一点力量吧。

大学生关注社会，关心国家发展，呈现出稳中有升的趋势。可以预见，随着移动互联网技术的继续发展和微博、微信等"微媒介"的裂变式传播，大学生的政治关注将会呈现出一种积极的态势，这也说明当代大学生具有强烈的政治荣誉感和社会责任心。图4-2为笔者跟踪的微信大学生好友在微信朋友圈对"中兴事件"发表的评论。

图4-2 周同学对"中兴事件"的评论

二、政治参与平台广阔化

大学生的政治参与是指大学生通过各种合法、有序化、客观理性的方式参与国家政治、社会生活和学校管理,来表达意愿、反映自身利益需求的行为。政治参与是大学生政治生活的关键环节,也是实现大学生政治权利的重要手段。随着社会的发展、移动互联网主导地位的强化,微文化为大学生进行政治参与提供了更为广阔的平台。微博、微信等微媒体既是大学生日常接收和传播各类信息、进行情感宣泄的工具,也是大学生参政议政的主要渠道(当今,传统的大学生大规模地参加政治运动、集会、游行示威等形式已经极为少见)。归纳起来,微文化环境下当代大学生的政治参与主要有两种形式。

(一)大学生作为个体的政治参与

微文化的出现,以传统的政治参与方式为基础,增加了大学生运用微媒体进行政治参与的渠道。首先,微文化的虚拟性可以使当代大学生将现实生活中的政治参与搬到微文化的环境中进行模拟,增强大学生对于政治参与的切身体验。例如,进行政治选举时,公民投票可以在网上进行,不仅可以提高政治的公开性、公正性,同时也为广大大学生的参与提供了便利。其次,微文化具有开放性的特点,大学生只要拥有一台接入移动互联网的手机,就可以通过微博、微信、论坛等发表政治价值观点。例如,随着我国"阳光型政府"的建立,"网上问政""政务微博"已经成为工作常态,大学生很容易通过登录政府微博、关注政府微信公众号,了解政治信息,查询政府工作计划和安排,有效地参与政府决策。

相关访谈记录如下:

(访谈10号)

问:你有关注过什么政务微博吗?

答:有啊,我是广州人,我关注了广州市公安局的官方微博"广州公安",该微博有粉丝500多万个,推送微博6 000多条。

问:你对广州市公安局的这个微博有什么评价?

第四章　微文化影响大学生价值观的现状透视

答：我觉得还挺不错的，有专人管理和负责推送，更博很快，大概一两天就推送一次。主要都是反映当前社会的一些热点问题，所以我比较喜欢看这个微博。

问：你通过这个微博进行过政治参与吗？

答：有啊，2017年他们进行"广州市十大优秀警察"评比活动，我在微博上投过票，还转发了。另外，对于微博上发布的我感兴趣的热点事件，我会在下面进行评论。比如他们在2018年4月19日推送的一篇微博"爆燃的中国警察宣传片《你不用善于微笑》"，我认真看了，进行了点赞和评论。

问：你是怎么评论的呢？

答：我当时的评论是："当警察，是先有信仰？还是先有选择？当面对警察的时候，你是选择信仰正义和法律，还是选择听领导的话服从命令？如果连警察都选择向权势低头，谁来守护正义和法律？别让广大警察的血汗和牺牲因为几个蛀虫而被埋没！千里之堤毁于蚁穴！！"我觉得，这个宣传片显然是一个关于公安改革的信号，警察以后的发展肯定不会像从前那样了，以后的警察执法肯定更加规范，更加有强制力。

（二）大学生参加组织的政治参与

在大学生的政治参与当中，除了个体为主的政治参与外，以团体或组织的方式去表达自己的政治意愿，促进一些社会或政治问题的解决也成了当前大学生主要的政治参与形式。

1. 加入团委、学生会、团支部、党支部等组织

调查发现，很多大学生参加过学生会、团委、团支部、党支部等组织。其中，参加学生会的人数最多，占32.45%；其次是团委，占28.3%，团支部占22.64%（如图4-3所示）。他们通过参加这些组织锻炼能力、增长才干，同时参加这些组织的换届大会，行使投票权、被投票权等政治权利，这是他们政治参与的重要方式。他们也常常会通过微博、微信等渠道为自己拉票，为别人投票等。

相关访谈记录如下：

（访谈9号）

问：你参加过学生会或者团委等组织吗？

答：我参加过我们学院的学生会，大二时担任学术部部长，大三时当选我们学院学生会副主席。

问：你在学生会期间有行使过投票权吗？

答：有啊，行使过两次。在我大二和大三的时候，学院选举新一届学生会委员，我都参加了投票。我在微博和微信上为师兄、为我自己都拉过票。

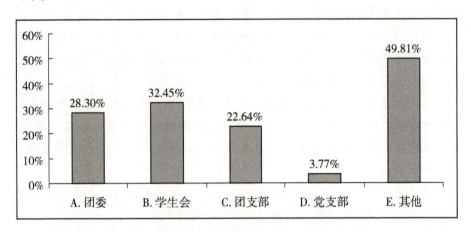

图4-3 "你加入过学校的哪些政治组织？"调查结果

2. 参加志愿者组织成为大学生政治参与的另一个重要途径

近年来，学生参加公益活动的愿望和行动日益高涨，《中国青年报》社会调查中心2017年与腾讯网新闻中心联合组织的一项调查中，97.6%的青年表示"有空的时候，愿意去做公益活动志愿者"。本次调查访谈中，发现当代青年比较喜欢做的志愿者有献血志愿者、支教志愿者、运动会赛事类志愿者、地铁服务志愿者等。

相关访谈记录如下：

（访谈13号）

问：你做过志愿者吗？

答：做过啊。

问：是哪一类志愿者？

答：春运的时候做过地铁服务志愿者。我们学院（土木交通学院）和广州地铁有合作，好像广州地铁是我们学院的实践基地，每年快到春运的时候都会来我们学院挑选地铁志愿者。去年（2016年）我报了名，经过面试，后来被选上成为地铁志愿者。

问：你能说下你做地铁志愿者的情景和感受吗？

答：嗯，我当时被选拔成为地铁志愿者时心情是很激动的。广州地铁团委的一个老师给我们做了地铁志愿者的讲座和培训。我被分配做志愿者的站点是广州地铁3号线的"客村"站，服务时间是从下午4点到晚上10点。"客村"站是一个换乘站，人流量很大。我们这个站点共有8名地铁志愿者，我们的主要服务内容是"回答乘客的问题""给乘客指引方向""维持地铁站秩序"等。我是佛山人，离广州很近，我做地铁志愿者一直坚持到腊月二十九才回家。虽然回家很晚，也很累，但是感觉很充实。

问：如果还有机会做志愿者，你希望尝试哪些类型呢？

答：我还想做支教志愿者。我在微信朋友圈看到我的同学、师兄、师姐在暑假成立实践小分队，到山区给小朋友做支教老师。我觉得挺好的。我希望自己有机会能加入这样的团队，做支教志愿者。我相信这也会给我的人生带来不一样的体验。

3. 参加其他兴趣型或专业型社团组织

在高校，除了有学生会、团委这样的"官方"组织外，还有一类大学生根据兴趣或专业组建起来的社团组织，例如，舞蹈协会、社会工作协会、计算机协会等。这些社团也可以通过参加团体或组织的方式表达自己的政治意愿，参与社会问题的解决。近年来，学生中的一些社团组织在保护环境、社区服务、扶贫济困等方面发挥了独特的作用。如笔者工作的单位——广东工业大学环境学院有一群致力于环境保护的学生组建了"环保协会"。2013年，他们的调研作品《实现新型城市化中PM2.5污染防控对策探索——对广州市治理实践的调查》喜获国家"挑战杯"大赛一等奖。2015年，他们的调研报告《生态文明与两型社会建设指导下的PM2.5污染调查与防控对策研究——以广州市为例》得到广东省委常委、广东省委副书记、省长朱小丹的批示。朱省长充分肯定了同学们的调研工作，同时希望有更多关心环保的大学生们参与到广州的城市建设中。

三、政治价值评价标准困惑化

伴随着全球化进程的加快和中国经济社会的发展，青年大学生对中国共产党领导下的中国特色社会主义的道路充满了信心，政治价值取向的主流呈现出积极的态势。然而，大学生的价值观还不成熟，在微文化环境中，各种思想、观点、思潮一起涌来，大学生政治价值观的评价标准也容易产生困惑。

微文化主体的"零门槛"使"人人都成为麦克风"，每个人都可以通过微博、微信等微媒体发出自己的声音，形成了微文化信息的杂芜多样。一方面，大学生从微平台中获得大量丰富有益的学术资料、新闻资讯、娱乐信息。另一方面，他们也很容易在微平台上接触到一些暴力、色情、反动的灰色信息。如历史虚无主义者运用微信、微博、微视频等新兴传播媒体，对黄继光、邱少云、雷锋等英雄的事迹进行质疑和诬蔑，干扰大学生对历史的正确认知和价值判断。西方霸权主义者利用网络信息量的绝对优势不遗余力地传播其文化、价值观和生活方式，极力宣传资产阶级价值观，歪曲和丑化社会主义制度。网络无政府主义者夸大虚拟空间的独立性，主张在自发基础上建立虚拟的无政府主义社区，反对政府对网络的管制，妄图淡化大学生的民族意识和国家意识。网络民族主义利用各种微平台宣泄个人极端情绪，散布和制造民族主义言论，企图威胁国家的政治稳定和领土完整。这些灰色、反动信息，给大学生带来许多消极、负面、不良的影响，导致青年学生政治价值观念是非标准的模糊。

相关访谈记录如下：

（访谈8号）

问：前段时间网上弥漫着一股以所谓"客观科学"解构精神价值的否定英雄之风，你听说过吗？

答：你说的是网上流传的对黄继光、邱少云等英雄事迹进行歪曲的事件吧？

问：是的，你对这类事件怎么看？

答：说实话，作为"90后"，我们很难对老一辈舍生忘死、浴血奋战的精神做到感同身受，网上说的"邱少云在烈火中一动不动违反生理学，黄继光的胸膛不可能挡住机枪的疯狂扫射，即便上半身不会被打散花，也会被子弹的强大推力，打飞到一边去了"，这些言论似乎也有一定的合理性。我希望《人民日报》《光明日报》对此类事件做出及时、公开、有效的回应，否则很容易对大学生的价值观产生误导。

四、政治情感倾向功利化

情感是人们内心对外在事物存在和发生的一种体验和感受，是人类精神生命中的主体力量。政治情感作为一种内心体验和感受，是伴随政治认知过程而对政治客体在心理上形成的反应。

微文化的突出特点是个体性、去权威性以及自主选择性。在微文化环境下，大学生的知识接触面得到了拓展，个人主体意识空前增强。他们非常讲究实效，注重现实，其价值观具有鲜明的实用色彩，出现了功利化倾向，尤其在入党问题上表现特别明显。据笔者问卷调查，在对"为什么申请加入中国共产党"问题的调查中，51.70%的大学生选择"有利于毕业找工作以及以后有更多的晋升机会"，而选择中国共产党的宗旨"实现共产主义，全心全意为人民服务"的大学生仅有37.36%，还有一些大学生（2.64%）选择"入党可以为自己增长面子，与别人不一样"，8.30%的大学生选择"看到周围同学都申请，就随大流申请"（如图4-4所示）。正因为大学生入党动机不纯正，有很强的功利性，所以就出现一些学生党员在入党前拼命表现自己，展现自己优秀的一面，而一旦正式加入中国共产党的政治目的达到后，就不能用党员的标准严格要求自己，更严重的还出现考试舞弊、学位论文抄袭等现象，严重影响了党员在大学生中的形象。在专

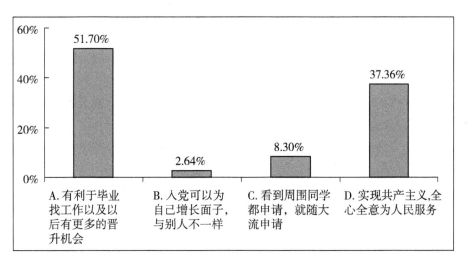

图4-4 "你申请成为入党积极分子或者想加入中国共产党的原因是？"调查结果

题访谈中，笔者进一步了解到，一些学生党员参加学生处、团委举办的学生活动、政治活动时，首先关心的是参加活动是否有好处，如是否加学分、是否算作社会实践的一部分、是否对评奖学金有帮助等。而对那些没什么"好处"的学生活动、政治活动等就会表现出消极的、不愿参加的态度。

相关访谈记录如下：

（访谈3号）
问：你是党员吗？
答：是的。
问：你是哪一年入的党？
答：2017年，本科二年级。
问：哦，你大二就入党了呀，那你肯定非常优秀吧，你当时入党的动机是什么？
答：从大的方向来说，当然是为实现共产主义啦，但是我们大家都知道，这离我们太遥远了。其实就我个人来说，当时入党的直接动机就是想为以后找工作助一臂之力。因为我以后想考公务员，有"中共党员"的政治背景，以后面试胜算更大一些。

微文化环境下大学生呈现出的这种功利化倾向必须引起我们的高度警惕。2018年4月，一位名叫田佳良（网名"洁洁良"）的大学生因为在微博上发表不当的辱华言论登上了热搜，并瞬间刷爆了大学生的微博和微信朋友圈。该事件起因并不复杂。漫威10周年在中国上海举办了庆典活动，活动结束后观众在现场留下了大量垃圾。媒体将画面发至网上，资深漫威粉丝"洁洁良"骂了4个字——"恶臭你支"！这是非常侮辱人的词语，引起了网友的强烈不满。面对网友的声讨，"洁洁良"随后又多次用"低智""又蠢又笨"等词语形容国人，还扬言"见一个撕一个"。嚣张气焰可见一斑。

翻开"洁洁良"的履历，和以往"因无知而发表不当言论的人"不同，田佳良是一名妥妥的学霸，是一名具有"较高政治素质的"大学生党员。她在本科就读辽宁师范大学时就被第一批发展入党，在厦门大学读研究生时任学生党支部书记，她还获得过包括"大连市三好学生"在内的共15项国家奖学金、校级奖学金和12项荣誉称号。面对如此"光鲜"的履历，国人对田佳良的学习经历与她的辱华言论感到无比震惊和愤怒！笔者认为，这正是当代大学生"政治过分功利化"的恶果！这些以"洁洁良"为代表

第四章 微文化影响大学生价值观的现状透视

的大学生,在提交入党申请时热情高、口号响,口口声声称忠于党、热爱祖国,等到利己的好处到手、有了一定的话语权优势之后,就开始嘲讽祖国和人民了。其本质是典型的政治利己者、投机者!"洁洁良"们的存在,无论在过去、现在还是将来,在高校中不会是少数,这值得所有思想政治教育工作者深思和警惕!

关于该事件,我们也在学生当中进行了专题访谈。相关访谈记录如下:

(访谈20号)

问:关于"洁洁良"在微博上发表辱华言论的事件,你知道吗?

答:知道,她的微博上了"热搜",很多同学也在微信朋友圈转发了关于她的事件的一些评论性文章,我都看了。

问:你对这一事件有什么看法?怎么评论"洁洁良"的言行?

答:我不看她的简历我还不知道,看了吓一跳!原来她获得过这么多奖励、荣誉,还保送读研、读博,还是老党员、党支部书记!她应该是政治素养比较高的人啊!我觉得她之前的优秀都是装的!她就是那种为了入党不择手段,获得该有的荣誉后又把祖国、把人民踩在脚下骂的人!这功利性也太严重了!

问:对于这件事的处理结果,因"中共党员""院学生会副主席""高大上"身份保送她读研的辽宁师范大学,回应表示"决不姑息"。因2015级研究生第三党支部书记等各种"精致"表现而保送她读博士生的厦门大学,发表声明会"严肃处理"。你怎么看待这两所学校的快速回应?

答:这两所学校也算"危机公关"了吧,毕竟"洁洁良"事件给这两所学校都抹了黑。但是我觉得高校当中像"洁洁良"一样的政治功利化者不在少数。我觉得关键还是以后该怎么办,以后高校党组织应该对大学生党员加强监督,不能在入党前就考察得很认真,入党后就完全不管了,"洁洁良"就是反面典型。我的意思是,在大学生入党后还应继续监督、教育和管理,使之对得起共产党员的这个身份。

第二节 微文化对大学生道德价值观的影响

道德价值观是人的价值观系统中的重要组成部分,它是主体根据自己的道德需要对道德生活、道德规范、道德情感等做出的评价和判断。当前，微文化时代的到来引起了社会道德关系的变化，也对大学生的道德意识、道德情感、道德取向、道德行为等产生了重要影响。

一、道德主体意识凸显

道德主体意识是指人在道德活动过程中所体现出的自主性、能动性和创造性等意识，是一个人的主体价值和主观能动性的表现。人的全面发展离不开主体性发展，在道德领域，"人的主体性是一切道德活动的内在依据"[①]，而"每个人的自由发展"更是以每个人的主体性发展为基础和前提的。

微文化作为一种新兴的文化形态，其平等、开放、自由的特征促进了大学生道德主体意识的凸显。

第一，微文化促进了大学生自我意识的发展。自我意识是对自我及其与周围关系的意识，包括人对自我身心状态的认识和人对自我与客观世界的关系的认识。苏格拉底提出"认识你自己"的著名论断，康德最早确立了自我意识原则，马克思则明确指出自我意识是人和动物相区别的本质特征。微时代环境下，每个人都有一支麦克风，大学生以个体的微形态、微语言、微行动主动地呈现自我，发出声音，自我意识进一步得到凸显。一方面，大学生喜欢在以微博、微信等为代表的微平台上随时随地分享自己的新鲜事，无论是晒美食、秀旅游，或是吐槽学校、调侃老师，还是写下文字、记录心情，都是大学生对自我身心状态的呈现和展示。另一方面，大学生也积极运用微博、微信等新媒体关注国家大事和社会热点问题，通过点赞、评论、转发等方式表达自己的观点，发出自己的声音，自我表达和个性意识进一步凸显和展现。

第二，微文化促使大学生主体意识从"被动"向"主动"转化。微媒体作为一种新型的交往工具，扩大了人类的交往范围，开拓了新的道德空间，实现了道德关系的新扩展。在微博、微信这些微媒体塑造的"微空间"里，一方面，大学生可以根据自己的需要，对所接触到的信息进行能动的

[①] 肖雪慧、韩东屏等：《主体的沉沦与觉醒——伦理学的一个新构想》，贵州人民出版社1988年版，第26页。

第四章 微文化影响大学生价值观的现状透视

加工与制作,还能在积累知识的基础上进行创新,这就为提高大学生的主体意识奠定了知识基础。另一方面,在微空间里,基于身份的虚拟性和言论的匿名性,大学生有充分的权利和自由根据自己的兴趣爱好、价值取向自主选择活动内容和交友对象,敢于对微文化中的道德事件、道德观念做出自己的认识和评判,其实质就是道德主体意识从被动向主动的转变。

2018年4月的"长江学者沈阳性侵事件"引起了全国人的关注。该事件始末如下:

2018年4月5日上午,多位自称是高岩北京大学同学、班主任以及中学同学在豆瓣等社交平台发布文章,悼念高岩逝世20周年,并实名举报原北京大学中文系教师、现南京大学文学院文学语言学系主任、长江学者沈阳涉嫌性侵高岩,要求其对高岩的死亡负责。此事件迅速在微信朋友圈被转发并急剧扩散开来。4月6日,南京大学文学院发布声明回应"沈阳事件":建议沈阳辞去南京大学文学院教职。同日,北京大学官方微博回应此事:"学校高度重视,要求教师职业道德和纪律委员会立即复核情况,依法依规开展工作",并表示,1998年7月北京大学已经对沈阳做出了行政处分。北京大学官微消息称:"经查阅相关材料,20年前,即1998年3月,北京市公安局西城分局对这一事件做出事实认定,给出调查结果。1998年7月北京大学对沈阳做出了行政处分。"同日,上海师范大学也做出决定,终止2017年7月与沈阳签订的校外兼职教师聘任协议。

针对这一热点师德事件,大学生们都表现出了高度的关注。如笔者一直跟踪记录的周同学和陈同学多次在他们的微信朋友圈转发了这一事件以及后续的一些事件进展,并做了相关点评。陈同学说,"南北大不愧为名校,不能让正义总是迟到"。言语间,似乎对南京大学、北京大学对此事件的处理表示满意。而另外一位周同学则发出了不同的声音:"建议对南京大学文学院的诚信问题或者学术水准进行审核。南京大学文学院说:当初引进的时候,没有审核其师德,对其被北京大学处分一事也不知情。圈子就那么大,人物就那么多。南京大学文学院这说法你信吗?反正我不信。如果属实,说明南京大学文学院游离在学术圈外,根本就不入流。"图4-5为笔者跟踪的两位大学生微信好友在微信朋友圈就此事发表的评论。

大学生对同一道德事件表现出的不同看法,正是他们道德主体意识凸显的表现。在微文化环境下,微文化赋予每个人独立表达、发出自己声音的权利，唤醒和培育个体自觉的道德意识和道德追求，激发个体的道德热情，促进人的完善和发展。

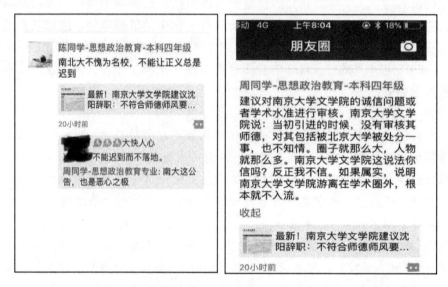

图4-5　陈同学和周同学对"长江学者沈阳性侵事件"的不同评论

二、道德责任感增强

道德责任既是伦理学中古老而又重要的概念，又是在构建中国特色社会主义社会过程中不容忽视的价值情操，其基本含义是指人们遵循道德意识，愿意主动地帮助他人，承担责任。大学生是我国接受高等教育的高素质群体，肩负着传承优良道德传统、承担社会责任的重大使命，他们的道德责任感彰显着整个社会的道德水准和价值走向。

微文化环境下大学生道德责任感的增强主要表现在三个方面。

第一，大学生经常用微媒体对社会上的一些道德热点事件进行评论，表明自己的道德态度。微平台上的信息如果被多人转发与评论而成为公众话题，就很容易引起社会的广泛关注，形成舆论效应。2018年4月19日，在陕西宝鸡的一家麻辣烫店里，一位4岁的小男孩跑进门时，用手掀开门口的软胶门帘，门帘不小心碰到了靠门边正在吃饭的孕妇。孕妇看起来很生气，她先是和她老公骂骂咧咧了几句，紧接着她做出了一个惊人的举动：在孩子跑出门时，伸腿将孩子绊倒了。孩子瞬间摔倒，脑袋着地，吓得哇

第四章 微文化影响大学生价值观的现状透视

哇大哭,而那名孕妇则若无其事地继续吃饭。孩子母亲立刻扶起孩子竭力安抚,并找到孕妇,问其缘由。但孕妇态度蛮横,不仅对这名男孩的妈妈大吵大骂,还理直气壮地说:"你说我绊倒你孩子,你有证据吗?"后来调出监控才最终确认,确实是孕妇绊倒了孩子,并且她在伸出脚绊倒孩子之前还做过一次预演。孩子掀开门帘碰到孕妇是无意的,但孕妇伸出脚绊倒孩子却是故意的。

该事件经微博和微信平台传播后,引起了全国人民对这名孕妇的道德批判。笔者也在授课的"思想道德修养与法律基础"课堂上对该道德事件进行了讨论,发现大部分大学生都认为该孕妇的行为是不道德的,是应该遭到谴责的。有同学还在微博上针对该事件发表了评论:"即将为人母了!心肠就不要那么歹毒!上帝会看见的!远离垃圾人!"

关于此事件,我们也对两位同学做了访谈。相关访谈记录如下:

(访谈 18 号)

问:2018 年 4 月 19 日在陕西宝鸡发生的"孕妇餐厅内伸脚绊倒 4 岁男童"事件,你知道吗?

答:知道啊,网络热点新闻,微信朋友圈也有好多人转发。

问:你怎么评价这个孕妇的行为?

答:这孩子的行为明显是无心之举,孕妇这样做不太合适。门帘打到她也是孩子不小心,真的没有必要去故意绊倒一个 4 岁的孩子。何况自己还是孕妇,自己的孩子是孩子,难道别人的孩子就不是孩子了吗?按常理而言,孕妇应该格外喜欢小孩儿,马上为人父母了,理应体谅父母对孩子的疼惜和关爱。但她却睚眦必报,自己被软帘不小心碰到,却故意将小男孩绊倒进行报复,实在让人怀疑她的道德心何在?

(访谈 20 号)

问:2018 年 4 月 19 日在陕西宝鸡发生的"孕妇餐厅内伸脚绊倒 4 岁男童"事件,你知道吗?

答:哦,我知道这个事件,微信上都刷屏了。

问:你怎么评价这个孕妇的行为?

答:必须得说小孩子一开始掀门帘确实碰到那个孕妇了,但是孩子一是无心,二是年龄小,三是不知情。这个孕妇却小肚鸡肠,故意报复,特别是最后绊倒小孩后还若无其事的样子简直没有道德和羞耻感!每个孩子都是掉落人间的天使，如果希望他们长大后成为一个善良的人，那么我们就要让他们从小感受到善良，而不是丑恶。

第二，大学生积极运用各种微文化载体参与道德实践，自觉承担对他人和社会的道德行为。很多大学生将自己参与道德实践的照片在微信朋友圈转发，达到传播正能量的效果。如图4-6所示，是笔者跟踪的一个大学生发的微信朋友圈截图。

图4-6 郑同学的微信朋友圈

此外，因为微博、微信等微媒体具有裂变传播的特点，可以达到前所未有的传播速度与传播广度，很容易帮助大学生获取相关信息。例如，笔者所工作的广东工业大学，在2016年5月23日下午发生了一起事故，我校2015级道路桥梁与渡河工程2班吴宏宇同学，在拦截偷盗嫌疑人过程中不幸遇害。事发当日下午1点左右，嫌疑犯关某某（后被抓获和审判）在广东工业大学大学城校园教学楼四号楼附近盗窃一辆蓝色摩托车，并驾驶盗窃所得车辆离开。有学生目睹了关某某的作案过程，拍下照片上传至微信群，群成员吴宏宇同学看到了该消息。而当日下午4点许，关某某步行回到广东工业大学，试图取回作案用的红色摩托车。有学生发现其形迹，将消息再次发到了微信群内。吴宏宇同学得知该消息后，与南华工商学院学生谢子哲骑摩托车追截盗贼。追截途中，与嫌犯的车发生撞击，两车倒地。关某某随即爬起，驾驶摩托车逃逸。吴、谢二人随后被送往医院救治，谢子哲右手拇指粉碎性骨折、四肢擦伤、右肩和腹部瘀青，经鉴定为轻伤二级。不幸的是，吴宏宇当晚经抢救无效死亡。5月25日晚上7点半，广东工业大学在事发地点附近举行了吴宏宇同学的追思会,近 2 000 名师生自发前往,还有超过 8 000 人在微博上为吴宏宇献花。吴宏宇后来也被追授为"中国共产党党员""广州市道德模范"。吴宏宇同学在遇到突发事件、面对社会邪恶力量时挺身而出,以自己的青春和生命展现了当代大学生的道德担当。

第三,大学生比较热心网络公益活动,助力"微公益"发展。伴随着微文化的发展,我们进入了"微"时代,"微公益"以其"滴水关爱,聚沙成塔"的宗旨成为现在比较流行和普遍的公益形式。近年来,从微博到万能的微信朋友圈,从"腾讯公益"网络募捐平台到"轻松筹""水滴筹",各种形式多样的微公益平台如雨后春笋般出现,形成了符合社会发展与人们需要的新型公益模式。大学生作为最活跃的网络主体,积极参加公益活动,推动社会发展。

此外,对于社会上比较关注的道德事件——"微博打拐",解救被拐卖的儿童活动,我们也针对此类事件调查了当代大学生的参与度与社会责任感。67.55%的大学生表示愿意在微博或者微信上转发此类事件,为帮助社会上有困难的人尽一分力量(如图 4-7 所示)。在访谈中,我们了解到,很多大学生参与公益活动的愿望都非常强烈,都愿意利用微博、微信等自媒体渠道进行爱心转发、爱心接力,例如,帮助寻找走失儿童、为家庭贫困的孩子捐款、拒绝皮草衣服保护动物、保护地球爱护环境等。大学生的这些"微公益"活动,也许只是举手之劳,也许只是微小的力量,却彰显了当代大学生良好的道德意识、勇于承担社会责任的积极风貌。

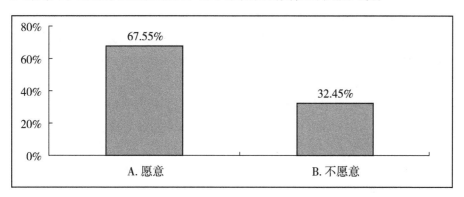

图 4-7 "你是否愿意在微博上转发'随手拍照,解救拐卖儿童'的类似事件?"调查结果

相关访谈记录如下：

（访谈 8 号）

问：你曾经用微博、微信等微媒体做过帮助他人的一些事情吗？

答：有啊，有很多。

问：请你详细列举一下。

答：比如说上次我一个同学的父亲得了重病，他的家庭确实很困难，实在没有办法了，他通过微信平台发起了"众筹活动"，众筹目标 20 万元。我在平台上捐助了 100 块。另外，去年（2016 年）冬天有同学在微信朋友圈发起了"为贵州孩子捐赠书籍、衣物"的活动，我也积极参加了。我觉得在我的能力范围之内尽量多帮助别人是一种美德吧，也是我们当代大学生的道德责任。

三、道德价值尺度模糊

道德价值尺度，是指大学生对道德观念和道德行为的评价标准。当前，微博、微信成为宣传社会主义核心价值观、弘扬社会正能量的主要平台，但是也有很多虚假的、暴力的、灰色的信息通过这些平台向大学生进行灌输。大学生思想单纯，价值观还不成熟，容易受到这些不良信息的迷惑，造成价值取向的紊乱和价值尺度的模糊。具体来看，微文化环境下，大学生道德价值尺度的模糊主要表现在两个方面。

第一，"网上"和"网下"的道德标准不同。微空间为大学生提供了一个虚拟生活空间，例如，在微博平台上，大学生可以隐去自己的真实身份，注册一个账号，扮演不同的社会角色与他人交往。微信即使是"半熟人"交往，也可以进行摆拍，故意把自己美好的一面"秀"出来。微空间的虚拟性使得有些大学生自律性降低，对自己在网络社会与现实社会的道德要求实行双重道德标准，从而造成"网上"和"网下"双重道德人格的现象。有的学生在现实世界中性格内向，不善言辞，但在微博上就一些社会热点事件进行评论时却秒变"段子手"，妙语连珠。有的学生在现实生活中是"学生党员""三好学生""优秀学生干部"，但在微博平台上却屡屡发表侮辱祖国、嘲讽人民、诋毁中国共产党领导的反动言论，如厦门大学"洁洁良"事件（该事件最新进展：2018 年 9 月 1 日，厦门大学通报了对田佳良开除党籍并给予退学的处理结果)。有的学生在实际生活中完全没有公德心,不讲文明,出口成"脏",却偏偏在微博空间里把自己粉饰成一个谦谦君子,以获得更多人的关注;还有的学生根本就对弱势群体很冷漠,在搭乘地铁与公交的时候从不给老人、小孩让座,却在微信朋友圈发一张扶老爷爷过马路的"摆拍"照片,以求得更多人的点赞……凡此种种,表现出部分大学生对自己在现实社会与网络社会的道德要求迥然不同,他们在网络中执行的是与现实社会相异的双重道德标准。

第二,大学生"知"与"行"脱节,即道德认知和道德行为不一致。所谓道德认知,是指行为主体对社会上的道德现象和道德行为的了解和掌握情况。道德行为是道德品质的外部状态,表现为道德观念和道德习惯的具体实施。大学生的道德认知和道德行为出现不一致,主要是指大学生明知哪种行为是道德的,但行动上却没有这样做,存在脱节现象。例如,现在大学校园里存在的校园不文明现象、考试作弊现象、贷款学费不诚信偿还现象等,很多大学生都知道这样做是不道德的,但在现实生活中因为种种原因,还是会这样去做。

近年来,从南京"彭宇案",到天津"许云鹤案","老人跌倒是否应该扶起?"已经成为热议的道德问题,不断引发道德争议。这两件案子的"被告"原本是单纯地想要帮助老人的"热心人",结果却是不但没有得到老人和其家人的感激之情,反而给自己惹来了麻烦,被诬告为撞人者。类似的事件在微博、微信平台上扩散、传播并引起人们的讨论后,受这些信息和舆论的影响,许多大学生表示即使他们知道"尊老爱幼"是中华民族的传统美德,明知"老人跌倒应该去扶",但还是有一些大学生(2.64%)选择了"袖手旁观"。当然还有一些学生(46.04%)会选择"先拍照留下证据,再扶老人"(如图4-8所示)。这一案例明显地反映了当代大学生在道德问题上的"知行脱节"。

相关访谈记录如下:

(访谈10号)
问:如果在路上你看见一个老人摔倒,你会去扶吗?
答:(想了一下)还是不扶吧。
问:为什么呢?你不知道"尊老爱幼"是中华民族的传统美德吗?
答:知道呀,但是我还是不会去扶。因为在网络上知道了一些类似的案件,担心"碰瓷",给自己带来不必要的麻烦,还是算了。我的爸爸妈妈

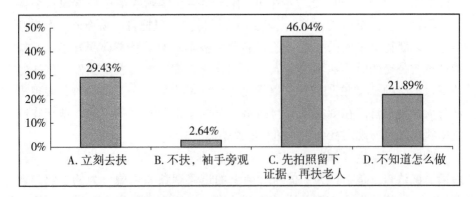

图4-8 "在路上遇到老人摔倒,你会去扶吗?"调查结果

也是这样叮嘱我的,让我多一事不如少一事。

问:你知道吗?正是在这种思想的影响下,2016年9月6日,武汉市一位88岁的老人在菜场口摔倒后,躺在地上1个小时,围观的人很多,但就是没人敢上前扶一把。最终,老人因为鼻血堵塞呼吸道,窒息死亡。你怎么看待这件事?

答:听到这样的事件,我心里也不好受。老人摔倒没有人去扶,是社会冷漠。当有一天我们老了,也摔倒了,难道也希望路人对我们不闻不问吗?那个时候的我们是多么寒心,这个社会将变得多么冷漠无情。但是,在现代社会,做一件好事太难了……

问:还有一件事你听说过吗?2017年9月8日,淮南师范学院的一名叫任梵僮的大学生扶了一位摔倒的老太太,看老太太情况严重,好心替她打了"120"。但老太太家属认为是任梵僮撞了老太太,要求其承担责任。任梵僮称监控显示她跟老人的距离不足以撞上老人,但后面部分是监控死角,并不能证明她未撞到老人。任梵僮实在没有办法,只好发微博求助网友,寻找目击证人,并称"给大学生一个公道"。两天后,终于有一个网友发声表示自己是目击证人,并愿意作证。你怎么看待这件事?

答:还好有"微博"这个平台寻找到了证人,否则这个女大学生就惨了。希望大学生们从这件事上汲取教训,以后再去扶老人的时候要长个心眼,比如先看一下有没有监控,可以先用手机拍个照,上传到微博或者发到微信朋友圈,截屏留取证据,否则有嘴都说不清了。当然,我也相信这个世界上还是好人多,我们这样做只是以防万一,保护自己。

四、道德失范行为频发

道德失范是指在社会生活中道德价值和道德规范缺失，社会行为混乱的一种状态。在移动互联网迅速发展的今天，对各种微空间、微平台的管理机制还不健全，缺乏统一的道德规范准则，很容易引起大学生网络道德行为的失范。

（一）滥用网络流行语

网络流行语是指在网络中广泛传播，对人们的生活、工作有较大影响的词语。网络流行语是社会心态的一种折射和反映。这些网络流行语既有积极向上的，如"给力""打CALL"，也有比较灰暗的，如"屌丝""狗带"等。当代大学生也很喜欢运用网络流行语，但同时也存在着大量流行语滥用的现象。调查显示，滥用网络语言主要表现在以下几个方面：一是谐音乱用，如"蓝瘦香菇"（难受，想哭）等。二是生字乱造，如"戏精""尬聊""楼脆脆""躲猫猫"等。三是词语拼装，如"喜大普奔"是喜出望外、大快人心、普天同庆、奔走相告的重组和缩略。四是语言表达不文明，如"很黄很暴力"等。图4-9是笔者跟踪的大学生在微信朋友圈发的微信。

图4-9　蔡同学的微信朋友圈

相关访谈记录如下:

(访谈 20 号)
问:你会在生活中使用网络流行语吗?
答:会呀,同学们都说。
问:你常用的有哪些?
答:比如一个同学家庭条件好一点,我们会喊他"土豪",平时吃饭也让他买单多一点;家庭条件一般的就自称"屌丝",比如我也是;还有我们把现在没有明确目标和追求的大学生活称为"佛系生活"。

(二) 浏览不良信息,传播谣言

网络是一个巨大的信息资源库,各种信息良莠混杂交织在一起,使网络成为信息的万花筒。微平台上存在的一些灰色、反动、色情的不良信息,通过现代技术的包装,吸引、麻醉着当代大学生。还有一些信息包装成"标题党",标题很普通,可是点开一看,内容却是反动言论。大学生在上网过程中,经常收到不良信息,部分学生也会"上瘾"似的浏览色情网站。

还有一些学生故意制造、传播虚假信息,在微博、微信上随意发表各种不负责任的言论,对其他同学进行蛊惑与煽动,有的甚至触犯了法律,带来恶劣的社会影响。腾讯网报道,2018 年 3 月 15 日,一个名为"西安校园"的新浪微博账号在网上说,"西北大学最近有校外人员在学校内军训,这些人员素质低下,时常在学校内乱窜,不仅蹲在校园路边看女生,还时常偷窥女生宿舍……"此言一出,激起千层浪。3 月 16 日,办案民警即刻前往西北大学调查取证,对微博所发内容进行核实,证实微博上发布的消息为虚假信息。随后,民警发现虚假信息散播者李某、刘某两人均为西北大学在读学生。长安分局网安大队民警对这两名大学生进行了批评教育,并根据《中华人民共和国治安管理处罚法》相关规定,对李某处以行政拘留 5 日的处罚,对刘某处以行政拘留 7 日的处罚。

(三) 网络暴力行为

网络暴力是人们在使用网络时产生的一种新型暴力形式,具体表现为网民在网络上发布具有侮辱性、攻击性、煽动性的消息,包括言论、图片或视频等。网络暴力和现实暴力不同,现实暴力主要是对当事人进行人身伤害,是看得见摸得着的伤害。网络暴力主要是在网络空间对当事人进行精神伤害和道德审判,比较典型的如"人肉搜索"。网络暴力虽然不像现实暴力那样有直接的伤口显示出来,但它对当事人精神和心灵的折磨有时候更甚于身体伤害。调查显示,在社会热门事件的讨论中,很多大学生会受到其他网民激烈言辞、情绪激动的影响,也会使用言语攻击或抨击他人。90.94%的大学生在微博上参与过对他人进行的"人肉搜索""道德审判"等行为(如图4-10所示),这个调查结果让人震惊!可见,很多大学生在网络空间缺乏理智,也容易被他人利用,我们需要警惕。

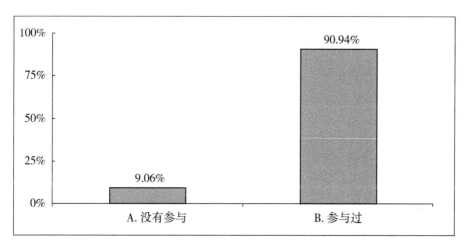

图4-10 "你是否在微博上参与过对他人进行的'人肉搜索''道德审判'等行为?"调查结果

(四) 微博、微信成瘾,沉迷于网络游戏

首先,很多大学生沉迷于微博、微信,是名副其实的"微博控""微信控"。根据马斯洛"需求层次理论",人类都存在着"社交的需要"。大学生经过高中阶段的拼命学习,千军万马走过独木桥,进入大学后把大学当成天堂。再加上大学老师不可能像高中老师那样24小时监督、督促学生学习,大学生的学习主要靠自觉。一些自律性比较差的学生容易放纵自己,网络聊天成瘾。刷微博、刷微信已经成为校园一景,大学生们吃饭、上课、走路,除了睡觉,几乎无时无刻不在微博、微信上。

其次，玩网络游戏成瘾。我们在高校校园里随处都能看到拿着手机玩游戏的大学生，比如前段时间比较流行的游戏《王者荣耀》，很多大学生玩到不睡觉、不吃饭的地步。这些大学生在玩游戏的时候精神抖擞，忘记了时间、空间，忘记了吃饭、睡觉，忘记了上课、考试……整天浑浑噩噩，荒废学业，这样不仅会摧毁健康，甚至会导致猝死等更严重的后果。

第三节 微文化对大学生交往价值观的影响

交往是人类最基本的活动方式。近年来，网络尤其是移动互联网的快速发展将人类的交往方式推进到了一个新的阶段，各种新兴的网络社交技术与网络产品层出不穷，微博、微信等社交软件脱颖而出，逐渐成为现代信息科技进步的重要标志性产物，深刻地影响了大学生人际交往的价值观。

一、交往范围扩大化

交往范围是一个比较宽泛的概念，包括交往者所涉及的交往活动的空间范围、交往对象的人员范围、交往信息的内容范围等。历史上，人们的交往范围一直受到交往工具、通信手段的制约。21世纪以来，以移动互联网和数字技术为核心的交往手段革命直接推动了"微时代"交往方式的深刻变革，极大地拓展了人们社会交往的范围，赋予人类交往以新的内容。

（一）交往地理空间范围的扩大

场域和空间是人类交往发生的前提，交往的内容和性质主要取决于交往的时代特征和社会背景。传统交往建立在人们客观存在的现实生活基础之上，通常是面对面的交往，这种交往与主体所在的时空位置、身份背景、知识兴趣等密切相关，且是具体的、真实的，是一种"在场交往"。而在微文化背景下，随着数字化技术与移动互联网的发展，人类的交往突破了传统交往对时空要求的限制，这种交往并不要求交往的面对面进行，只要有网络就可以进行对话，真实交往和虚拟交往交错进行，交往范围无限扩大，表现为比较明显的"缺场交往"。

（二）交往对象范围的扩大

移动互联网的发展，人际交往的范围随之扩大，使人际间的交往不再局限于地缘群体、亲缘群体。微文化环境下，大学生的交往对象主要包括两大类：第一类是本身就存在的好友关系，是现有的人际关系的延伸，比如现实当中的亲戚、朋友、同学等通过微信"添加好友"请求并获得通过后而形成的"半熟人"交往关系。第二类是原本陌生的人通过社交平台建立的"陌生"人际关系，比较典型的如微博上通过"关注—被关注"而形成的交往关系，信息共享是建立这种联系的纽带。这种关系存在一定的不稳定性，可以随时"取消关注"，退出这种关系，如明星和自己的粉丝的关系。

调查发现，当代大学生借助微博、微信等工具，交往对象由以前的亲戚、邻居转向大学同学和在社交场合认识的其他人（如图4-11所示），更多地向趣缘范围、业缘范围扩展，呈现出交往范围更广阔、更自由的群体性特征。

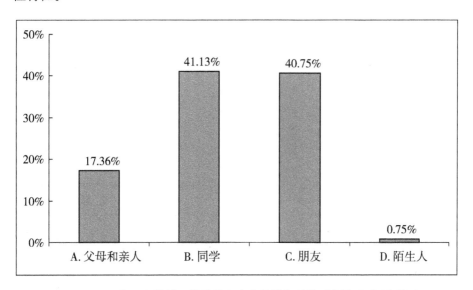

图4-11 "你运用微博、微信等平台交往最频繁的对象是？"调查结果

(三) 交往信息范围的扩大

微文化环境下的交往主要是一种信息交往。

首先,微媒体的兴起为大学生提供了交互平台。微博、微信等媒介都具有传递信息的及时性、交流的互动性等优点,大学生通过这些微媒介可以及时地了解最新发生的校园热点或者国家大事,并能借助微平台进行点赞、转发或者评论等,有助于大学生更好地实现与个人、学校和社会的交往,做一个关心学校、国家发展的现代大学生。

其次,微媒体为大学生提供了表达自我、展示自我的舞台。微博、微信等微媒介流行之前,博客、个人主页、QQ 空间等也曾是大学生展示自我的主要平台,但这些平台传播的范围和影响都很有限。微博、微信等出现并流行之后,迅速得到大学生的喜爱。大学生是微媒体的主要应用者,很多大学生都有自己的微博账号,微信更是应用广泛,大学生都喜欢在微信朋友圈中上传图片、分享感悟、交流感情、展示自我。在校园或者社会的一些突发事件发生时,大学生们也纷纷通过微博、微信等平台关注事件进展情况,发起爱心传递等活动传递正能量。

关于"当前你与朋友联络的最主要方式是?"的调查,有 87.17% 的大学生选择了微信,而只有 6.42% 的大学生会采取面对面的交流方式(如图 4-12 所示)。可见,微时代的到来改变了大学生们的交往方式。

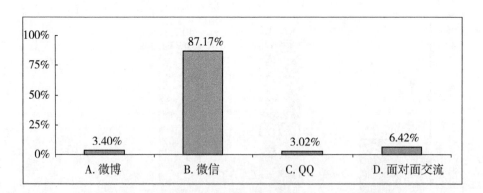

图 4-12 "当前你与朋友联络的最主要方式是?"调查结果

二、交往手段便捷化

当前,随着智能手机的普及,微博和微信成了人们社会交往的重要媒介,深刻地影响着人类的交往手段,促进了人们交往的高效、便捷。

微文化环境下,大学生交往手段的便捷化主要体现在以下几个方面。

第一,"人机统一",机随人走,即发即收,方便快捷。这得益于移动互联网的发展和智能手机的普及。首先是移动互联网技术日益成熟,网络覆盖范围越来越广泛。现在很多商场、餐馆、超市、学校、教室,甚至地铁、高铁都已经开通了 Wi-Fi,人们利用乘车的时间、等吃饭的时间、下课休息的时间都能非常方便地上网,看新闻和查找资料。在没有 Wi-Fi 的地方,只要有信号,也可以用流量上网,这就为交往手段的便捷奠定了技术基础。其次是智能手机的普及。以往的手机只能实现短信、语音等单一功能,智能手机除了可以打电话、发短信之外,还可以发语音、拍照、录像,进行银行转账、手机支付,可以背单词,可以点外卖……功能强大到无所不能,就像一台微型电脑,可以很方便地实现"人机统一",机随人走。

第二,信息的实时推送性,即借助移动互联网,可以实时、跨时空地传播和接收信息。这里的"信息推送"和计算机用语上的"信息推送"不同。传统意义上的计算机术语"信息推送",是指网络公司将制造商提供的信息源通过频道单向地、统一地、固定地向用户发送信息的行为。而微交往中的这种信息推送与之相区别,有着自己的特点。首先是信息推送的主体是有思想的人,而不是冷冰冰的机器。主体是活生生的人,意味着人是可以发挥自己的主动性和积极性的。也就是说,微交往中信息推送的内容不再是统一的,人们可以选择自己认为重要的和感兴趣的内容发给自己的好友、亲人,甚至是陌生人,也就是说,人们对信息推送的内容可以自由选择。其次是微交往中推送的对象是可以选择的,不是固定的,即人们对于不同的信息要推送给哪些人,可以自由选择。选择的标准因人而异,可能是觉得对方需要,可能是觉得对方有兴趣,也可能是强制广告植入等。总之,微交往下的信息推送,通过对信息内容的选择和发送对象的选择,可以让大学生非常便捷地进行信息交往。

三、交往情感冷漠化

微文化环境下,由于大学生在"微空间"中,交往方式发生了重大变革,人际关系得到了重建,导致现实中人际情感疏远,人际交往能力下降,新的人际障碍产生。

(一)依靠符号进行表达

人际间的相互交往是维系人与人之间情感的纽带。微时代的到来使人与人之间的交往变成了依靠符号来表达需求的数字化方式,即人们之间的交往主要是通过数字化的信息来表达。大学生之间面对面的交流大大减少,有的大学生即使在同一个宿舍里,也喜欢在微信上交流,都不愿意开口讲一句话。久而久之,人与人之间的真诚减少了,虚伪隔阂增多了。大学生热衷于在微空间中上网,一方面是借助于虚拟的身份,可以随意地发表自己的评论,体验这种不被道德约束的快感。另一方面是在微平台上,习惯于用网络语言、符号来表达自己的感情,在各种新奇怪异的符号表达中寻找刺激。如果这些现象一直持续下去,会对大学生的交往产生不良的影响,扰乱他们的交往秩序。

(二)沉醉于虚拟情感

微文化的虚拟性改变了人际交往的方式,使人际交往变成了"人机交往"。青年学生在这种环境里体验着一种虚拟的情感,沉醉于一种虚拟的满足中。

第一,用屏幕界面回避现实矛盾。很多大学生沉迷于刷微信、刷微博,玩微信游戏,对现实生活完全不感兴趣,不愿意加入学生会、团委等组织去锻炼自己的能力,也不愿意参加班级组织的活动去加强和班级同学的交流,甚至不愿意去上课,不愿意去图书馆自习……长此以往,对现实越来越淡漠,现实中出现的人际交往、学习考试等问题和矛盾好像与他无关,这严重影响了大学生身心的健康发育。

第二,用虚拟情感代替真实情感。很多大学生对现实中的情感不屑一顾，例如，他们体会不到父母对自己的关心和期望，看不到老师对自己的谆谆教导，也不珍惜班级同学之间的四年美好大学时光，反倒和一些虚拟的"微博好友"打得火热，在网上你来我往，好不热闹。还有一些大学生通过"微信漂流瓶"找到一些所谓的"陌生好友"，结果被骗财骗色。种种结果显示，这些虚拟的情感不如真实的情感值得信任，大学生在虚拟空间交友应该慎重，并且不可沉醉于虚拟情感之中。

（三）沉迷于社交平台

网络是一把双刃剑，网络社交的存在能够为人们的交往活动提供很大的方便，但与此同时，很多大学生一味沉迷于微博、微信等社交平台中而不能自拔，导致现实生活中人际关系的淡化和情感危机的产生。社会学研究显示，人类个体离不开实际世界交往的原因在于，人们的面部表情、说话声音、说话语气都是满足人类精神需求的重要方面。但是，网络社交中并不能真实地看到对方的表情，体会对方的情感。有时候明明已经很生气，甚至已经流泪，却还要强装笑颜，发送一个"微笑"表情给对方；有时候明明对对方在微信朋友圈晒自拍的行为很反感，却还要去点个赞；有时候明明对对方的观点并不认同，却违心地给对方发一个"大拇指"叫好……事实上，网络交往并不能真实地反映人们的情感，沉迷于社交平台，觉得世界很美好，只是自欺欺人，反而会导致人际关系的下降。调查中我们发现，很多大学生平均每天登录微信、微博的时长达到4个小时以上，每天登录次数达到30次以上（如图4-13所示）。例如，在大学有一个十分反常的现象，那就是很多学生都在同一个宿舍生活、在同一间教室上课，但愿意面对面地与同学进行沟通交流的人甚少，有什么事情或问题大家习惯于建立一个"群"，在群里通过文字的形式进行讨论和交流。心理学家的研究也表明，常常利用互联网进行交往的人类个体会减少与家人之间的沟通，增加自身的孤独感。社交网站使用率越高，人类个体感受到的孤独感就越强烈。

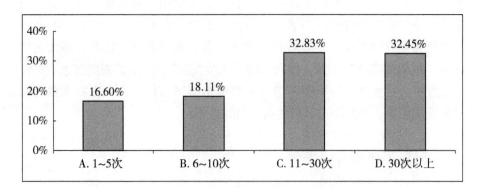

图 4-13 "你每天登录微信的次数是？"调查结果

四、交往主体异化

作为黑格尔哲学中的重要概念，异化表示的是主体和客体之间分离甚至对抗的关系。马克思提出了劳动异化论，"劳动所生产的对象，即劳动的产品，作为一种异己的存在物，作为不依赖于生产者的力量，同劳动相对立"①。在这里，我们可以把"异化"理解为网络技术的应用结果与人最初发明网络技术的目的出现了偏离，网络不被人控制，反过来成了控制人、奴役人的重要因素和力量。微文化赖以存在的技术基础——移动互联技术的广泛应用与发展，使得交往主体的异化成为一种更突出的现实存在。可以说，移动互联网技术的发展一方面给交往主体带来了交往的便捷性、广泛性，另一方面也导致了人与社会、人与人、人与自身关系的扭曲和异化。

（一）严重的信息依赖

当今时代，我们所处的是一个信息社会，移动互联网使人们对信息的依赖达到了空前的高度。微博、微信等平台上，大学生沉醉于纷繁与海量的信息场中，出现了严重的信息依赖，主要表现为：一是对新闻类信息的依赖。每天在微博、微信平台和各种 App 上查看新闻信息，是大学生关注国家和社会发展的表现，是有积极意义的。但是，有些大学生忙于观看各

---

① 马克思：《1844 年经济学哲学手稿》，人民出版社 2000 年版，第 52 页。

种新闻信息,却怠于思考,不能把国家的发展和个人的发展结合起来去促进学习。更何况,在微平台上的新闻信息良莠不齐,如果大学生不会分辨,很容易被西方的不良思想侵蚀。二是对学习类信息的依赖。当代大学生已经不愿意到教室听老师上课,他们学习的主要方式就是"百度搜索",他们宁愿相信在网络上搜索到的信息,却对老师讲述的课程内容表示怀疑……这些都是大学生对学习信息依赖的表现。三是对交往信息的依赖。很多大学生整天拿着手机,生怕错过网上微博、微信发过来的信息。如果错过这些信息,大学生仿佛就不能生活,不能交往了。微平台的交往已经成为大学生最常用的交往方式,随之而来的也是对交往信息的依赖。这些事实的结果正导致"我们生活在一个信息越来越多,而意义越来越少的世界"①。

(二)交往工具性过强

韦伯最先提出了"合理性"思想,后经霍克海默和阿尔多诺的改造,最终被哈贝马斯阐释为"工具理性"的概念。所谓工具理性,与交往理性相反,是指行为主体以达到本身功利化为目的,纯粹从满足自身需求的最大化角度出发,却忽视人的情感和精神价值。

微时代交往中很多大学生交往目的明确,有很强的交往工具性。一是对交往信息的功利性。微文化时代,打开微平台,各种信息扑面而来。大学生对信息的选择,呈现出明显的功利性。例如,有的大学生想入党,想成为入党积极分子,就会比较关注政治类新闻,关注国家大事;有的学生不想入党,就会对国家、社会发展类的新闻完全跳过,根本不看;有的学生对美食、时尚感兴趣,就会订阅这方面的公众号,而对其他信息不感兴趣;还有的学生对娱乐新闻感兴趣,就会去关注他喜欢的明星的微博,追逐明星动态……可见,大学生对信息的选择是有目的性和功利性的。二是对交往对象的功利性。微交往下,大学生的微博、微信好友数不胜数,微博本身就是发散性的,很多陌生人都可以互相关注,加为好友,还有很多大学生的微信好友达到几千个。面对这么多的交往对象,大学生通常都是把"是否对自己有用"作为标准来评判对方是否值得交往,他们更注重从交往中获得价值和有用性。如果交往对象没有价值,就会被移出好友名单。

---

① 罗兰·巴尔特、让·鲍德里亚:《形象的修辞》,吴琼、杜予译,中国人民大学出版社2005年版,第99页。

可见，通过对信息的选择、对交往对象的选择，大学生交往呈现出工具化、自我化和功利化的倾向。

第四节　微文化对大学生学习价值观的影响

大学生学习观是大学生对学习态度、学习方式、学习精神等问题的基本看法。学习是大学生在校期间的根本任务，大学生的学习观，一方面随着个人的认知发展和教育经验的增加而不断发展，另一方面又受到社会发展和文化变迁的影响而呈现出不同的时代特征。伴随着移动互联网的普及和微媒介的广泛应用，微文化对当代大学生的学习观也产生了深刻影响。

一、学习观念自主化

移动互联网技术改变了传统单一的信息传播路径，大学生可以通过微博、微信等微平台自主学习，也可以通过微平台与师生共同探讨，这增强了学习的自主性与积极性，也加强了师生之间的互动交流。同时，微文化为大学生提供了丰富的学习资源，使大学生了解到新的学习价值观念，帮助大学生提高学习效率，培养大学生终身学习的自主能力，形成自主的知识学习价值观。

（一）拓展知识来源

微文化拓宽了大学生学习知识的来源，方便了学生对各类知识的及时满足。学生不仅可以通过微平台查找信息，学习课程，还可以和老师进行直接交流，解答疑惑，获取知识。微文化的超时空性将地球上的不同地域之间的距离缩短为零，改变了以往接受知识滞后的现象。大学生通过在网络上迅速而又及时地搜索相关的知识，不仅能够丰富自己的知识面，还开阔了视野。由于移动互联网的主导地位强化，因此，大学生的学习实现了"随时随地"和"永远在线"。

（二）提升学习效率

微文化环境下，大学生的学习效率大大提高。一是微平台上各种各样的信息推送，让大学生很容易学到各种知识。二是方便的检索程序，只要有网络，大学生可以高效地检索、查找到信息和知识。调查显示，大学生当前获取知识的主要方式是手机搜索，达到44.15%（如图4-14所示）。三是微平台有很多科学的学习软件推出，可以有针对性地满足学生的不同需求，并且使用方便，能极大地提升学习效率。例如，如果你想学英语，可以在手机上下载"百词斩""可可英语"等App，随时随地背单词，练听力。现在，微信还和一些英语机构联合推出了英语训练营，如"蛋糕英语训练营""薄荷英语训练营"，要求学习者每天学习英语，并到微信朋友圈分享和打卡，然后给予适当的奖励，通过这种方式督促大学生学习英语。有很多大学生通过这些方式学习后，都感觉学习效率大大提高，学习成绩有明显进步。

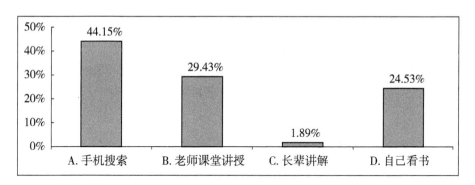

图4-14 "你当前获取知识的主要方式是？"调查结果

（三）淡化文化权威

文化权威是指专门从事文化的生产和传播的组织和个人。在大学里，文化权威的代表者主要是老师。在过去，权威在文化生产和传播过程中占据着至关重要的作用，大学生信息的接收和输入主要依靠老师对知识的讲授。互联网的出现从根本上改变了这一教学模式。微文化是一种真正自主、开放和多元的文化，人人都可以在网上就某个问题发表自己的见解。这一状况表明教师的文化权威地位受到了严重挑战,大学生的主体地位、主体意识大大增强。

微文化环境下,每个主体都可以以平等的身份自由地在网络上发出自己的声音。大学生可以在自己喜欢的论坛里发表自己"高深"的见解,也可以与志趣相投的网友们相互学习,还可以通过网络与自己喜欢的教授进行在线交流,向各科专家咨询与讨论,共同探讨学术方面的疑问,甚至可以对专家、教授的观点公开"质疑"和"叫板"。微文化使学生的信息量大大增加,甚至有时学生知道的东西老师不一定知道。没有人是天生的权威,每个参与者都是独特的,这消除了文化垄断,使老师和学生在平等的交流、探讨中形成了一种良好的氛围。可以说,微文化的平等性在一定程度上使大学生摆脱了盲目服从知识权威的心理,老师的权威淡化,学生的自主性增强。

二、学习精神创新化

"创新",顾名思义就是要突破传统的束缚,不拘泥于现实,对现实进行多次否定和扬弃。一个国家要想立于不败之地,创新是唯一的出路。青年大学生作为祖国建设的中坚力量,他们的创新能力显得尤为可贵。在微平台这个虚拟空间里,学生可以自由地学习和展示自己,同时,微文化关注个体的兴趣爱好,可以激发大学生的创新精神。

(一)微文化启发大学生的创新欲望

微文化独有的交互性、即时性等特点,启发了大学生的求知欲和创造欲,提高了大学生的能动性和创造性。微文化本身就是高科技进步的结果,科学技术作为一种革命力量,创新性是其本质特征。大学生在学习、运用微文化的过程中更能够感受到科技的创新力量。微信是当下大学生最常用的交往软件,其本身也是科技发明的结果。大学生在使用微信的时候,无时无刻不感受到科技的创新力量。例如,依托移动互联网,微信不仅可以传送文字,还可以发送语音、视频,这是以前的软件没有的功能。微信可以在微信朋友圈了解好友的动态,也可以分享自己的现状和自拍照,这也是一种创新。微信还可以订阅公众号,有选择地关注自己的需求,体现对个体的关怀。微信还能免费拨打语音电话和视频电话,这为大学生节省了通话费，也满足了多少异地情侣通过屏幕看到对方的愿望……可以说，微信等软件使大学生深刻地感受到了科技创新的力量，也将启发大学生的创新欲望。

（二）微文化为大学生提供创新环境

微文化在培养大学生的创新意识方面，提供了空前优越的文化环境。一方面，微文化强调对个体的关注，鼓励个体自主性、能动性的发挥，这样一种文化氛围无形中为大学生提供了展示自我的舞台，也为他们提供了良好的创新环境。另一方面，微文化为大学生创新提供了榜样环境。众所周知，阿里巴巴总裁马云、百度总裁李彦宏、腾讯总裁马化腾、"微信之父"张小龙等都是大学生心目中学习的榜样，他们创业路上经历的百折不挠的故事吸引着大学生，他们身上的创新精神激励着大学生。正是有了榜样的力量，微文化在不知不觉中增强了大学生培养创新能力的自觉性。

三、学习思维浅表化

思维是人透过现象看本质，把握客观事物特点和规律的一种能动活动。思维的这种能动性，也是人和动物的根本区别。微文化是一种亚文化，也是一种以消遣、娱乐为特征的"快餐文化"。大学生沉迷于网络"快餐文化"，会导致其思考感性化和阅读碎片化，不利于思维的深刻发展。

（一）思考感性化

微文化环境下，大学生长期在网上接受信息、检索资料，不愿意进行深度的理性思考，以至于理性思考能力弱化，思考越来越感性化。一是微文化营造的这种"快餐化""碎片化"的文化环境，使大学生乐于接受短、平、快的学习方式，不愿意沉下心来进行深度思考，对网上的各种信息辨别能力可能会相应减弱。二是微文化环境下，各种图片、符号、视频充斥网络，人们沉迷于各种图像之中，宁愿用图像取代文字，呈现出思考感性化、图像化的特征。三是微文化营造的这种快节奏的氛围，使大学生与传统文化脱节，失去了传统文化的深度与厚度，理性思考能力弱化。正如美国学者丹尼尔·伯斯丁所说,网络正在削弱我们的思考力,长此以往,人类的智力可能会下降。所有这些不能不引起我们的深思。

(二)阅读碎片化

阅读是大学生最重要的一种学习方式。传统的阅读,是指大学生坐在教室里或者图书馆里进行文本阅读。在微文化环境下,大学生的阅读方式发生了根本性变化。一是阅读的场所移动化,从教室、图书馆向公园、公交、地铁、商场、食堂等无限扩展,只要有移动互联网的地方,都是阅读的场所。二是阅读的载体多样化。以前大学生阅读的载体主要是书本、报纸和杂志等纸质文本。微文化环境下,大学生阅读的载体越来越向电子产品倾斜,智能手机最普遍,其次是iPad和电脑等。三是阅读的内容碎片化。在图书馆里,很少见到大学生愿意完整地阅读系列书籍了。大学生习惯于在微博上刷新闻,在微信上刷朋友圈,这里的"刷"就是"快速阅览"的意思。每个人都是脚步匆匆,似乎只有碎片化的阅读才适应现代大学生的生活状态。

大学生的这种"移动的、碎片化的"浅阅读,从表面上看有积极的意义:充分利用了零碎时间,让大学生获取知识更方便,让大学生有了更多的自由选择的空间。但从更深层次来看,这种"移动的、碎片化的"浅阅读无法让大学生集中思考,久而久之,就会导致大学生理性思考能力下降,不利于专业知识、精深知识的获取。微文化环境下,如何帮助大学生实现系统阅读与碎片阅读、深阅读与浅阅读的完美结合,也是未来我们必须思考和面对的一个重要命题。

第五章
微文化影响大学生价值观的规律探寻

前面我们分析了微文化的特点，实证研究了微文化影响当代大学生政治价值观、道德价值观、交往价值观、学习价值观的种种具体表现。透过现象看本质，我们不难发现，微文化之所以对大学生的价值观造成巨大影响，就是因为微文化以其特殊方式、途径和环境对大学生的价值观念和价值行为提出了全面挑战。为此，本部分将深入探讨大学生价值观变动趋势背后的微文化逻辑，即微文化影响大学生价值观的具体特点、影响过程、影响规律等，希望借助规律性、特点元素的梳理，为后文制定相应的对策提供理论依据。

第一节　微文化影响大学生价值观的具体过程

微文化影响大学生价值观的过程，是一个由文化传播者通过微媒介、微平台发送信息，然后由大学生接收或接受，使大学生的价值观念、思维方式、行为习惯等发生变化的过程。这一过程主要经历如下几个阶段。

一、信息的注意

微文化环境的一个显著特点就是海量的信息。我们每天打开微博、微信、微视频，各种各样的、好的坏的信息扑面而来。微文化影响大学生价值观的第一步，首先就是通过信息引起注意。从心理学上来讲，注意指的是人们对某件事物的指向和集中，注意是大学生接受微信息的第一个心理条件。

当前，微文化要成功吸引大学生的注意，通常用一些紧扣人生的困难境遇和社会的现实问题来引人注意。如收入差距拉大、腐败突出、上学贵、看病难、就业难等问题，这些问题大学生都比较关注，比较容易吸引大学生的注意，能对大学生的思想产生强烈冲击。各种微媒介因为综合了文字、图像、视频、声音等多种生动的元素，极大地促进了思想观念的传播。例如，2018年7月5日上映的电影《我不是药神》就因为关注了"老百姓看病难"的问题，引起了社会的广泛关注。《〈我不是药神〉，奥斯卡欠徐峥和王传君两座小金人》《电影〈我不是药神〉带来的启示：要让孩子明白这些

第五章 微文化影响大学生价值观的规律探寻

哲理》《高房价算什么？〈我不是药神〉告诉你，我们更该重视的是它》《印度为什么可以用仿制药救命》等文章迅速在微博、微信等微平台传播开来，并且很多都很容易就获得了"10万+"的阅读量。这正是因为关注了社会现实问题、戳中了人们"看病难"这个"痛点"才会引起人们的广泛注意。

二、判断和选择

在各种信息成功吸引大学生的关注后，接下来大学生要做的就是信息的判断了。也就是说，大学生要在自己关注的信息当中，依据现有的价值观进行更进一步的判断。面对海量、多样、复杂、变幻甚至相互冲突的微信息，最需要也最重要的就是提高大学生对复杂多样的微信息的判断能力。

大学生对微信息的判断主要是三个层面。一是事实判断，主要是对各种微信息的真伪进行判断，对谣言进行甄别等。二是价值判断，主要根据自己现有的价值观，进行倾向于自己价值观的判断。三是政治判断，主要关系到信息是否对国家安全、社会稳定、经济发展有影响，这是信息判断最根本的底线。

在对信息进行判断后，就要做出自己的选择。在纷繁芜杂的信息当中进行选择非常关键。好的、积极的信息有利于大学生正确价值观的形成，而坏的、消极的信息则会误导大学生的价值观。

大学生对信息的选择通常是在三个层面上展开。一是对信息的字面选择。通过阅读信息，理解信息所包含的字、词、句、声音、画面的表层意思。二是从字、词、句、声音、画面表层结构通过心理转换，形成对信息的深层认识。三是结合信息的上下文语境以及大学生自身的个人阅历、经验、知识背景等，对信息做出自己的理解、认识和加工。

三、信息互动

大学生对信息进行判断、选择后，接下来就是信息的互动。互动性是微文化的主要特征，也是微文化影响大学生价值观必不可少的一个重要步骤。在传统的大众传播中，传播媒介主要是电视、广播、报纸、杂志等，传播者与被传播者之间的互动比较少。虽然这些传统媒介也会重视与受众的互动,例如,很多报刊都开辟了专门的读者来信、讨论栏目等,广播台一般都会设听众热线专栏来倾听听众的心声,电视台也经常会邀请观众参加谈话栏目等。但是,这些互动,一是选择的对象范围比较窄,比较单一,二是选择的方式主要由媒介组织单方决定,是一种被动性的参与,并不是传播者与被传播者真正意义上的完全互动。微时代的来临则突破了这种局限。微博、微信等新媒体为大学生搭建了一个信息交流和讨论的平台,不需要被选择、被安排,任何人都可以自由地发表自己的观点、见解。信息传播者也可以即时了解和掌握大学生的思想疑问,从而进行解答、讨论等。因此,微媒体的交互性往往使传播信息的内容在互动讨论中得到深化。

具体说来,这种互动有两种表现形式:一种是大学生通过微博、微信等,可以追踪到意见领袖的思想言论和日常动态,与意见领袖进行互动。现实社会中意见领袖、社会精英的形象因为空间、领域、知识等因素的影响,呈现给大学生的印象往往是高高在上、遥不可及、神秘莫测的,而微博、微信的广泛使用打破了这一形象。大学生通过微博、微信可以了解到意见领袖、社会精英的日常生活,还可以就一些思想言论、热点问题与之进行充分探讨和互动,拉近了和名人之间的距离,也使意见领袖的名人效应大大加强。另一种互动是,大学生通过接收微信息,自己进行独立思考后,发表自己的观点进行互动,实现情绪感染和心理共鸣。

以前段时间在微信朋友圈里广泛推送的文章《〈我不是药神〉:人的境界分5层,你在哪一层?》为例,很多大学生在看完这篇文章后,都在后台进行了留言和互动,发表了自己的看法。其中有位大学生这样写道:"真的很感动,不仅是电影内容,从电影本身出发,我看到了中国的改变和社会的进步,我感动于我们国家也可以拍出并且能够上映这么敏感的现实主义题材电影,希望能够引起国家的重视。就像韩国的《熔炉》改变了国家的法律,这种改变是受益于每个人的。推动社会发展不只是政府才能做的事,我们每一个平凡而又不平凡的人,也有着让明天更美好的责任!"

四、认同和内化

关于"认同",学界历来有着不同的理解,既有人认为它是"一个社会的成员共同拥有的信仰、价值取向"①,也有人认为,"认同"是对"个人、家庭、社会关系及地位资格的承认"②。本书在这里认为,"认同"是一个心理变化的过程,主要表现在对信息的接受上。

通过对信息的选择、判断、理解和互动后,就是大学生对信息的接受和态度的改变了。大学生对信息的处理可以分为三种情况:一是接受信息,二是改变态度,三是影响行为。在接受信息的前提下,态度有可能发生改变。而态度受价值观的制约,从本质上说,态度的改变就是价值观的改变,因为态度就包含人生观、世界观等价值观念。其中,态度的转化有一个由服从到认同,再到内化的三个密切联系的阶段③。

大学生态度的改变意味着新态度的建立,原有的态度被新态度替代。新态度的建立表现为两个不同的层次,即认同和内化。认同主要是大学生在经历了信息的注意、做出判断和选择、进行互动后,接受了信息中的内容,愿意与信息内容保持一致。内化是指大学生认同信息的内容,并愿意把信息中表达的观点和情感作为自己观点和情感的一部分,形成新的价值观并指导自己的行为。

归纳起来,微文化影响大学生价值观的信息机制主要包括信息→注意→判断→选择→互动→认同→内化→新的价值观→行为等阶段。微文化影响大学生的过程,是微信息传播的过程和大学生接收信息并内化为自我价值观的过程。具体来说,首先是通过热点和关注点引起大学生群体的关注和兴趣,继而以感性的情绪感染,让大学生做出判断和选择;再通过双向互动加深大学生对信息的理解,赢得大学生心理上的"共鸣";接着进一步熏陶,使大学生对信息具备一定的知识观念积累和思想理论的把握能力;最后促使其通过知识整合完成认同和内化,形成自己的价值观并对其价值行为产生影响。

---

① 张乃和:《认同理论与世界区域化研究》,载《吉林大学社会科学学报》2004年第3期。
② 金太军、姚虎:《国家认同:全球化视野下的结构性分析》,载《中国社会科学》2014年第6期。
③ 张耀灿、陈万柏:《思想政治教育学原理》,高等教育出版社2001年版,第79~80页。

第二节　微文化影响大学生价值观的主要特点

微文化广泛参与大学生的学习、生活与工作中，深刻影响和改变着大学生的思想认识、价值观念和行为方式，形成了渗透性、感染性、交互性的鲜明特征。

一、渗透性

微文化影响大学生的价值观呈现出渗透性，是由微文化的"微"这一特性决定的，具体体现在无微不至、微言大义、积微成著。

（一）无微不至

微文化的首要特点是无微不至。这主要表现在以下几个方面。

第一，微文化形式多样。微博的诞生和流行，标志着微文化时代的来临。微信的异军崛起，促进了微文化的进一步繁荣发展。此外，随着微小说、微电影、微视频、微支付、微公益等新事物的不断涌现和加盟，"微文化"家族不断发展壮大。微文化的表现形态虽然微小，却全面融入人们的衣食住行、商品交易、社会交往、信息交流等方面，真正做到了形式多样、无微不至、影响深刻。

第二，微文化注重微关怀。与传统文化最大的不同就在于，微文化是一种比较关注个体的文化。例如，微博只有短短的140个字，却可以通过图片、文字、动画、视频等各种形式抒发大学生个体的情感。微信建立在"半熟人"关系基础上，微信朋友圈更是展示自我、关注个体的舞台。微视频只有短短的几分钟，却可以展现一个完整的故事，引人思考。微公益更是在微时代对需要帮助的人给予个体关怀……微时代的微文化无微不至，广泛渗透，尊重和关心每一个个体的生存和发展。

第三，微文化完全渗透人们的日常生活。"今天你微博了吗？"已经成为人们见面的一句问候语。微信更成为当下中国最炙手可热的聊天软件，

第五章 微文化影响大学生价值观的规律探寻

人们一刻也不能离开微信,因为需要在微信朋友圈查看好友动态和发表自己的所思所感,还需要在微信公众号浏览各种定制消息,更需要用手机进行"微信支付"……可以说,微文化已经全面影响了人们的生活方式、交往方式、支付方式等。微文化的吸引力、生命力就在于其对现实生活的全面观照①。

(二) 微言大义

微文化的一个重要特点是微言大义,意思是说用简洁、微小的语言,却能展现大道理,彰显大内容。一方面,微文化形式虽短小精悍,但思想内容丰富。微博有140个字数的限制,微信朋友圈的展示通常是言简意赅,拒绝大篇幅的坐而论道,微电影通常是在30~300秒的时间表达一个完整的故事,微小说也是用最短的笔墨揭示出深刻的道理……可以说,微文化用简短生动的文字和影音叩击大众的心灵,传递了丰富的思想内涵。另一方面,微文化"以小见大",关注微观个体,指向宏观社会。微文化时代,人人都有一个麦克风,每个微民都可以发出自己的"微言",表达和分享自己的感悟,彰显自己的个性。微文化正是通过这种对个体的关注反映出整个社会的道德风貌和价值取向,真正做到了"以小见大"。

(三) 积微成著

微文化下,虽然个体的力量很微小,但它强调积少成多,积微成著。以著名的"微博打拐"为例,虽然最先发起这个活动的微博主邓飞的个体力量是很微薄的,但是他完全没有想到,微博转发的力量是惊人的。从第一条微博2010年9月27日发出,至2011年春节已被转发了6 000多次。到目前为止,"微博打拐"活动一直持续接力,已解救了5 896名儿童,移交民政部门736人。在这个案例中,我们很明显地感受到微文化"积微成著"的强大力量。微公益的出发点也是认为"人之初,性本善",每个人都有做善事的愿望,强调从微不足道的公益事情着手,积少成多。虽然你没有亿万的身价,也没有强大的社会影响力,但是这并不妨碍你从事公益事业,用自己的行动去帮助需要帮助的人。我们在微信上经常见到一些"水滴筹"

---

① 骆郁廷、马丽华:《论微文化育人》,载《思想教育研究》2018年第1期。

"轻松筹"等微公益活动,就是强调每个人都献出一点爱,哪怕是微不足道的10元、20元爱心,最后都能汇成一条河流,温暖受助人的心田。可见,微文化的这种积少成多、积善成德的特点能够让"微力"发挥出"威力"。

二、感染性

处于深受后现代思潮影响的后工业时代,微文化有其产生与发展的必然性,并且因其微小、细微的特点而具有强大的渗透力和感染性,这种感染性通过多维吸引、情感共鸣、个体关怀等方式展现出来。

(一)多维吸引

随着移动互联网的发展和普及,微文化信息呈现出海量式增长,只要有吸引力,微文化信息就能引起网民的关注和点击。微文化主要通过文字、声音、图像等方式,从议题吸引力、话语感染力、视觉冲击力、形象感召力四个维度[①]增强吸引力,获得大学生的拥护和支持。

首先,微文化具有议题吸引力。现实中,微文化总是通过关注一些国家发展、社会现实、人民生活的议题,在微博、微信上引发大关注、大讨论。例如,2018年7月发生的假疫苗事件引发了全国人民的集体愤怒。微博、微信上对此事件的关注和讨论持续一个月之久,这是很少见的。其原因就在于假疫苗事件关系到下一代的身体健康,超过了人们对社会问题容忍的底线。其次,微文化具有话语感染力。微文化通过言简意赅的语言表达深邃的思想,让人感受到表达的技巧和语言的魅力。再次,微文化具有视觉冲击力。微文化的表现形式非常多样,除了常见的文字以外,声音、图片、视频等多样化的表达更容易带给人们视觉冲击。最后,微文化具有形象感召力。微文化通过言简意赅的语言、图文并茂的表达,发挥微文化的魅力。

---

① 骆郁廷:《吸引、判断、选择:网络思想政治教育的关键词》,载《马克思主义研究》2016年第11期。

（二）情感共鸣

现代社会的人们生活节奏快、精神压力大，人们渴望随时随地释放心理压力、汲取精神给养、获得情感支持。微文化因其对个体的关怀很容易获得情感共鸣。2014 年，习近平在文艺工作座谈会上要求，创造作品必须"跟上时代发展、把握人民需求"。这里的"跟上时代发展"就是说文艺创作要在运用传统创作方式的基础上，敢于和善于运用新时代科技成果，用老百姓喜闻乐见的方式展现出来。"把握人民需求"是说现在的人们生活忙碌，无暇阅读长篇累牍的作品，更喜欢在碎片化的时间阅读"小而精"的作品，这就是人们的现实需求。只有把"跟上时代发展"和"把握人民需求"结合起来，创造出的作品才有感染力和渗透性。

例如，《中国共产党章程》对坚持党的领导、加强党的建设具有根本性的规范和指导作用。为了让人们更好地了解和宣传《中国共产党章程》，2017 年，中央电视台重大主题宣传新媒体平台"1 号线上"推出了《党章中的党史》系列微视频，用短小精悍、言简意赅、声情并茂的语言深入浅出地讲述了党章党史中一个个精彩的故事，起到了很好的宣传效果。尤其是第五集微视频《信念奠定理想——真理的味道非常甜》中，习近平总书记深情地讲述了《共产党宣言》第一版翻译者陈望道的故事：有一天，陈望道在家翻译《共产党宣言》的时候，他妈妈给他送了几个粽子吃，特别嘱咐他蘸着红糖水吃粽子。后来，老太太进来问他粽子吃了吗，陈望道说，吃了吃了，好甜！结果，老太太一看，陈望道嘴巴上全是黑墨水，原来没吃红糖水，反而把粽子蘸着黑墨水吃了！通过习近平总书记在微视频当中的讲述，最早的《共产党宣言》翻译者陈望道"勤勉好学"的形象已经跃然于屏幕上，而习近平总书记在讲完故事后的总结话语"真理的味道非常甜"也随着微视频的广泛播放而传播开来。一时之间，大街小巷的人们都在谈论"真理的味道有点甜"。可见，微文化的作品表达方式既运用了最新的科技成果，又迎合了当下人们快节奏、碎片化阅读和观赏的现实需求，很容易获得老百姓的情感共鸣，起到很好的宣传、渗透效果。

（三）个体关怀

"个体关怀"，原本是一个管理学术语，是指管理者根据每个员工具体的需要、动机、态度、健康状态等采取不同的管理方式，目的是更好地调动、激发员工的工作积极性，从而提高管理效率。具体到微文化中，是指微文化注重以文化人的针对性，强调个体关怀的感染性。一是微文化强调以人为本。以人为本是科学发展观的核心，是中国共产党全心全意为人民服务的宗旨的具体表现。微文化作为一种现代科技基础上发展起来的新文化样态，特别强调以人为本，尊重主体的创造性、主体性和能动性。例如，人们在微博、微信上可以自由地表达自己的观点和思想，这就是对主体性的尊重。而这些发表的观点、思想甚至是在微信朋友圈发布的自拍照，都是人民群众创造性的体现，也是艺术创造作品的一部分。二是微文化注重因人而异。微文化推崇"每个人都是独一无二的个体"的理念，强调因人而异、因材施教，通过潜移默化的思想影响人们的价值观念。这就好比农作物中种植灌溉"漫灌"和"滴灌"的区别。在传统的文化形态中，主要是进行"漫灌"，只要把水浇到田里就可以了，至于水浇得够不够，或者哪块地浇多了，哪块地浇少了，完全不管，文化育人的效果自然大打折扣。而微文化强调的是"滴灌"，根据每块田的状态采取不同的灌溉水量，并且能够通过技术控制，因时、因地、因需进行灌溉。这就将个性需求与文化供给结合起来了，微文化的渗透性、育人性优势也展现出来了。

三、交互性

人类早期的传播都是自上而下的、单向的传播。在传播学史上，美国应用数学家诺伯特·维纳最早提出反馈的因素[1]。此处"反馈"就是"互动"的意思。此后，传播学者开始注意到传播者与受传者之间的交往互动。本书所指的交互性，是指在微文化影响大学生价值观的过程中，传播者与受传播者相互作用、相互依托、相互联系。微文化通过这种交互性，让大

---

[1] 房廷廷：《移动新闻客户端交互性传播研究——以澎湃新闻客户端、知乎日报客户端为例》（学位论文），山东师范大学2016年。

学生更深入地参与到信息中来,从而影响他们的价值观。微文化环境下这种交互性特征主要有以下几方面的特点。

(一) 民众直接参与信息生产

在以往的信息传播过程中,传播的主动权在于信息生产者,受众只能被动地接收信息,主动权最多在于看或者不看信息。微时代的到来,微媒体的广泛使用,彻底改变了这一传播现象。每个人都有麦克风,民众直接参与信息的生产,微文化环境下的交互性体现得淋漓尽致。例如,在假疫苗案件中,案件被曝光后,很多网民自发地写了很多对假疫苗案件的评论文章,并在微博、微信平台上传播,还有更多网民在微博、微信后台点赞、评论和回复,这些都是民众直接参与信息生产的表现。

(二) 交互广度和深度的增强

传统信息传播时代,传播者和受众的交互只能集中在信息的内容上,交互的广度和深度都受到限制。微文化环境下,借助于微媒体,传播者和受众之间的交互已经从信息内容延伸到媒介提供的新闻现场。受众分享到的和感受到的深度和广度,远远超过传统传播者的新闻报道。例如,在2018年国庆节期间,虽然电视等新闻媒体早在假期开始之前就反复报道节假日景区流量会大幅增加,让大家错峰出游。但是假期的景区到底会堵成什么样呢?当人们去了之后才会体验到真实情况,有很多网友将自己的真实体验通过微博、微信报道出来,上海外滩、杭州西湖、贵州黄果树瀑布、北京长城等著名景点确实出现了"人从众"的拥堵局面,这提醒我们要注意安全,不要再跟风出游了。这样一种身临其境的感受,使得传播者和受众在评论、分享新闻事件时,交互的深度和广度都增加了。

(三) 交互模式的多样化

在传统媒体时代的信息传播过程中,受众与受众之间的交互只能发生在相对固定的时间和空间。比如两个人同时看了一篇新闻报道,看完之后对新闻内容进行讨论、发表意见,这是受众和受众之间的交互行为。微媒体出现之后,受众与受众之间的交互打破了时间和空间的局限,实现了实时互动。例如，在2015年天津大爆炸发生的时候，最早对现场进行报道的是公民个人的微博，随后微信也开始介入，交互模式呈现多样化状态。人们运用微博、微信等多种微媒体实时了解情况，对现场情况的描述犹如现场直播，对火灾的救援也有很大的帮助。

第三节 微文化影响大学生价值观的根本规律

规律是客观事物在发展过程中不以人的意志为转移的、内部固有的、稳定的、本质的联系，反映着事物各要素之间基本矛盾运动的必然趋势。微文化对大学生价值观的影响规律是微文化在影响大学生思想行为的过程中，诸影响因素之间的本质必然联系及其基本矛盾运动。研究和探索这些规律，也是我们进一步提出相应解决对策的关键。

一、需要驱动规律

马克思对于人的本质问题，不同时期有三个论述，即人的本质是劳动、人的本质是一切社会关系的总和、人的需要即人的本质。生产决定需要，并创造新的需要。人类的生产活动归根到底是由需要引起的，生产的目的最终是满足人的需要。当代大学生是握着鼠标长大的一代，他们思维活跃，除了物质需求外，还有更高的精神需求。微文化往往利用大学生的这些需求和喜好，首先通过热点和关注点引起大学生群体的兴趣和关注，然后通过情绪感染，满足大学生的精神需求，引发大学生的心理共鸣。可以说，微文化影响大学生的思想行为主要围绕"需要驱动规律"展开。

需要是主体和客体在相互作用的过程中，主体对客体不断依赖和摄取的状态，它是驱动人们从事认识活动和实践活动的原动力，也是调动人们积极性的重要源泉。由于需要在人类活动中具有"动力"作用，因此，历代思想家们都十分注重对需要的研究。马克思主义经典作家在论述人类社会发展时，紧紧抓住社会需要，科学地揭示了人类社会发展的历史规律。美国心理学家马斯洛提出了著名的五层次需要理论：生理需要、安全需要、爱与归属的需要、尊重的需要和自我实现的需要。

第五章　微文化影响大学生价值观的规律探寻

改革开放之初，十一届六中全会根据1956年党的八大对我国社会主要矛盾的判断，将我国社会的主要矛盾表述提炼为"人民日益增长的物质文化需要同落后的社会生产之间的矛盾"。经过改革开放41年的飞速发展，我国政治、经济、文化都发生了重大变化，党的十九大报告做出了"我国社会主要矛盾已经转化为人民日益增长的美好生活需要和不平衡不充分的发展之间的矛盾"的重要政治判断。我国社会主要矛盾的变化，从"物质文化需要"到"美好生活需要"，表明需要的层次在不断提高，这也必将激发我们要撸起袖子加油干，才能不断满足对美好生活的需要。

具体到大学生而言，微文化能够影响到大学生的价值观念和行为，也是因为微文化满足了大学生的精神需要和对美好生活的追求。具体表现为四个方面。

第一，社会化需要。大学是大学生进入社会前的最后一站，或者说大学是大学生社会化的预演台。在大学阶段，大学生要具备管理能力、交际能力、学习能力、恋爱能力等多种能力，为走上社会大舞台做好准备。微文化为大学生提供了了解世界、了解社会的窗口、手段和方法，满足了大学生提前进行社会化的需要。

第二，学习需要。学习知识是大学生在大学四年的首要任务。但是现在的学习手段不只是到课堂上听老师讲课、到图书馆查阅资料了。网络的发展让大学生体验到了自主学习的乐趣，有问题"百度一下"。微时代的到来，微博、微信上每天提供的新鲜资讯让大学生能及时了解国内外的大事。很多班级建立了微信群，开通了属于自己班级的微信公众号，方便大家讨论学习内容，满足大学生的学习需要。

第三，交往需要。与高中阶段相比，大学生在大学里的交往非常频繁和多样，大学生需要处理好与老师、同学、父母亲朋、异性等多重交往关系，这些交往关系也会成为大学生走向社会后的"人脉圈"。当前，微博、微信已经成为大学生最常用的社交工具，大学生通过微博、微信与他人交往，拓展自己的交往圈，满足自己的交往需要，这样才不会被时代抛弃。

第四，个性发展的需要。当代大学生都是"95后"，是握着鼠标长大的一代。他们还是幸福的一代，见证了祖国的繁荣和强大、综合国力的提升，也感受到了党的十九大召开后，祖国和人民对他们的重托和殷切希望。他们有担当，也有个性。他们关心国家发展的同时，也关注自我发展的需要。微文化正好满足了大学生个性发展的需要：他们既可以通过微平台接收最新消息，也可以通过微空间展示自己。

二、交叉传播规律

"交叉传播"原本是新闻学的术语,运用到微文化中,是指微文化通过多种传播方式,立体地、多元地、交叉地传播信息,从而影响到大学生的思想道德和价值观念。目前,微文化的交叉传播主要体现为文本交叉传播、载体交叉传播和主体交叉传播三个方面。

第一,文本交叉传播。为了让大学生更喜欢、更乐于接受微文化,微文化通常对一些热点话题进行包装,以文本形式呈现出"政治性"和"娱乐性"交叉的特征。例如,在本书中提到过的 2018 年 4 月曝出的"严书记女儿事件",最先开始的传播形式是带有娱乐性的,事发于几个家长在微信群里的讨论和质疑,却引来家长李某不满老师对她女儿的教育方式,搬出了一个"严书记"。随后,经过网友的人肉搜索,"严书记"事件不断发酵。2018 年 5 月 11 日,四川嘉祥外国语学校通过官方微信公众号"四川嘉祥教育"发布一份声明,否认幼童严某某为内定生。2018 年 5 月 12 日,网上出现一封"严书记"写给四川省委组织部的情况说明。很明显,这些"声明"和"说明"都是带有很强的政治性文本。在很多热点事件中,我们都可以看出微文化传播的文本都是"政治性"和"娱乐性"并存或者说是交叉进行的。

第二,载体交叉传播。对于一些热点事件,微文化都是采取多种路径、多个载体、多种方式进行交叉传播。最有代表的就是"双微传播",即"微博、微信的交叉传播"。也就是说,一些热点事件发生后,传播载体不再那么泾渭分明,而是多种载体同时、交叉传播。2015 年 8 月 12 日,天津发生了大爆炸。事件发生的当晚,即 8 月 12 日晚 11 点 30 分左右,就有人在微博上发布了这个消息。随后就有人把爆炸的现场通过微博、微信发布到网上,很快全国人民都知道了这个新闻。微博、微信在新闻报道上的时效性完胜电视、广播、报纸等传统新闻媒体。随着爆炸事件的进一步发展,微博仍然最快地更新现场的救援情况,而微信上几位"大 V"适时地推出了《最美的逆行》等几篇文章,瞬间就刷爆了微信朋友圈,也感动了无数中国人。有人评价说,如果想最快地知道事件的进展,就去刷微博;如果想深度地了解事件的发生全过程,就去看微信。可见,在热点事件传播方面,微博、微信的分工虽然略有不同,但都是交叉进行的,对事件的发展都具

第五章 微文化影响大学生价值观的规律探寻

有重要的传播和推动作用。

第三,主体交叉传播。众所周知,以前文化主要是靠文化权威自上而下地传播,老百姓只能被动接受,没有话语权。微时代的到来完全改变了这种文化传播局面,文化传播主体呈现出精英群体、网络"大V"与草根群众交叉传播的特征。首先,精英群体仍然是微文化的传播主体,不过,有别于传统文化的传播方式,微时代的精英群体也紧跟时代潮流,通过主要媒体进行主流文化传播。例如,人民网、澎湃网、新华网等主流网站及时适应微时代的发展,进行了华丽的变身。其次,网络"大V"也是重要的微文化传播主体。这些网络"大V"通常是知名的影视明星、权威的专家学者、高级官员等,他们随便在微博上发表的感叹都能获得几十万粉丝的点赞,写一篇评论就能在微信上刷屏,阅读量达到"10万+"……这些网络"大V"的影响力是惊人的。最后是草根群众作为传播的主体。微时代的到来改变了原来从上到下的传播结构,草根群众也成为拿着麦克风的传播主体。人们可以在微博上转发,可以在微信朋友圈点赞,可以自制微视频在网络上播放,可以到微博、微信留言区进行评论……草根群众通过这些方式也参与到微文化传播中来,成为微文化人数最多、最广泛的传播主体。

三、圈层互动规律

圈层结构理论最早是由德国经济学家约翰·海因里希·冯·杜能1826年在其著作《孤立国》中提出的。其主要观点是,城市在区域经济发展中起主导作用,城市对区域经济的促进作用与空间距离成反比,区域经济的发展应以城市为中心,以圈层状的空间分布为特点逐步向外发展①。运用到文化学上,"所谓的文化圈层是根据一定数量的文化特质对文化所做的圈层划分"②。

随着微时代的到来,微交往凸显圈层化,出现了微信群、QQ群、朋友圈等圈层。通过圈层互动传递思想和信息,从而影响圈层里的人的价值观念和行为,呈现出圈层互动规律。微文化在圈层的互动表现在两个方面。

---

① 丁明前:《圈层理论与班级教育管理》,载《班主任》2001年第7期。
② 陈伟、熊静:《微信圈层中的思想政治教育话语权:表现境遇及提升路径》,载《思想理论教育》2016年第5期。

第一，进行即时互动。传统媒体如电视、广播等的信息传播主要是自上而下的，且传播受到距离、时间、成本的影响。但在微文化环境下，微博、微信等的传播突破了时空的限制，大大降低了传播成本。通过信息交流的平台，大学生可以很方便地在微平台上进行互动：既可以在自己感兴趣的文章下面发表评论，与作者进行互动；也可以在课堂上通过"微讨论"，与老师进行即时互动。通过这些互动，双方可以很容易了解彼此的状态，加深感情。

第二，实现个性化自主选择互动。微文化通过微媒体为大学生提供个性化的信息服务，大学生可使用"点餐式"的方式获取自己所需要的圈层互动。一方面，可以通过与现有好友的互动，巩固现有的社会关系圈层。现有的社会关系圈层通常是根据现实中的人际关系而组建的相对稳定的圈层，如班级群、党团员群、社团活动群、学生会群等，也有一些是因为临时完成一些项目而组建的群。巩固现有的社会关系，可以在微信朋友圈加为好友点赞、私聊等进行互动。另一方面，可以通过添加新好友互动，建立新的关系圈层。新的圈层通常包括地缘群和兴趣群。例如，可以因为地缘关系，组建新的老乡群；也可以因为某个兴趣爱好，如弹吉他、跳舞、唱歌等兴趣，组建一个新的群。新的群建立以后，通过群内人员之间的互动，加深圈层的人际关系。

总之，微文化的圈层互动，满足了大学生的个性化需求，也容易引起大学生的共鸣，推动微文化的发展。微文化通过这种圈层互动，向不同圈层的人传递思想观念和价值观，并影响他们的价值行为。

第六章 微文化环境下大学生价值观培育的应对与创新

> 要坚持不懈培育和弘扬社会主义核心价值观，引导广大师生做社会主义核心价值观的坚定信仰者、积极传播者、模范践行者。
> ——习近平2018年5月2日在北京大学师生座谈会上的讲话

通过前几章的理论论述和实证分析，论证了微文化对大学生价值观念和行为的影响，揭示了微文化影响大学生价值观的特点、过程和规律，为微文化环境下大学生价值观的培育和创新提供了理论和实证依据。微文化的快速发展和全面渗透，对大学生价值观培育提出了新的挑战。创新大学生的价值观培育工作，提高大学生价值观培育的实效性，对大学生的全面发展具有重要意义。

第一节　微文化环境下大学生价值观培育的总体要求

智能手机、移动互联网技术和随之发展的微文化，深刻地改变着人们的生产和生活方式。微文化在成为人们新的生活方式的同时，必然影响人们的思维方式和价值取向。鲁洁教授指出："教育必须对网络社会所蕴含的人的生存和发展方式的重大变革具有深层次的认识，并据此对教育的地位、作用、目的等根本性问题做出新的思考。"① 笔者认为，根据前面的理论和实证分析的结果，必须在微文化环境下对价值观培育的总体要求做出新的思考和认识。

一、满足大学生自身的内在需要

大学阶段是大学生学习各种本领、逐步走向社会大舞台的重要阶段，实现大学生的全面而自由的发展是他们根本的内在需要。大学生的价值观培育必须建立在满足大学生的内在需要上，以内在需要为动力，价值观培育才会真正取得实效。现行的大学生价值观培育没有取得预想的效果，缺

---

① 鲁洁：《道德教育的当代论域》，人民出版社2005年版，第234页。

第六章 微文化环境下大学生价值观培育的应对与创新

乏实效性，究其根本原因，一是价值观培育的方式不适应时代发展的需要，二是大学生价值观的学习不是出于自身的需要和兴趣。因此，微文化环境下大学生价值观培育的要求必须是满足大学生自身的内在需要。

第一，要进行兴趣指引。兴趣是人们情感意志的集中表达，爱因斯坦说过，"兴趣是最好的老师"。在微时代环境下，大学生对各种高科技、新方法充满了兴趣。如果还是由思政课老师在课堂上枯燥地讲授社会主义核心价值观，学生要么睡觉，要么打游戏、看电视剧、刷微博、刷微信……很显然，这样的价值观培育是起不到效果的。但是，如果我们将价值观培育与现代高科技结合起来，增加价值观培育的高科技性、现代性、可欣赏性，那么就能很好地激发学生学习价值观的兴趣，价值观培育的实效性也能相应增强。

第二，要进行动机驱动。动机是推动人们行为的内部力量，它与人的需要也是密切相关的。苏联著名心理学家彼得罗夫斯基充分肯定动机是个性需要的表现，指出在研究人们的需要和行为时，必须揭示思想行为的动机。动机可以分为内部动机、外部动机、自然动机、社会动机等，人的需要具有多样性，这决定了人的动机也具有多样性。这就要求我们在对大学生进行价值观教育时必须重视培养大学生正确的学习动机。一般来说，当代大学生接受价值观教育的动机有的是外部的，例如，是学校安排的相关政治类课程，不得不去上，或者是为了入党、培优的需要，必须去学习。而有的动机是内部的，例如，是为了让自己树立正确的价值观，完善自己，提升自己的思想道德素质而去学习。因此，我们在对大学生进行价值观培育时，一定要注意让大学生树立良好的学习动机。只有在正确的动机驱动下，大学生的价值观培育才会有更好的效果。

第三，要满足内在需要。移动互联网时代，大学生被微文化深深吸引，已经成为微文化的主要传播者。微文化能够满足大学生学习、生活的需要，能够满足大学生了解世界、了解社会的需要，能够满足大学生与外界沟通交流的需要。在这种背景下，教育工作者要善于利用微文化的这一优势，利用各种微平台帮助培养大学生的价值观，既能引起大学生的兴趣，又能满足大学生的需要和价值追求，提升大学生价值观培育的实效性。

二、凸显人的生存与发展的本源价值

当代大学生传播、应用微文化，不仅是因为微文化满足了大学生自身发展的需要和价值生活的追求，更是因为微文化凸显了人的生存与发展的价值本源需求。微文化带给大学生一种全新的生活方式和学习方式，其对价值观教育的最大意义在于促进价值观教育以人为本，让价值回归到满足人的生存和发展的本源价值。

新中国成立以来的社会发展实践证明，价值观教育以人为本，注重满足人的生存与发展，这样的价值观教育就能得到人民的拥护，价值观教育就能取得成功。若是价值观教育脱离实际，脱离人民的生活，就不会取得好的成效。在新中国成立初期，党领导人民顺利完成了"三大改造"，开始了社会主义建设的新时期。这时候的价值观教育的内容主要是"为人民服务"，这个导向是完全正确的，强调以人为本。因此，新中国成立初期的价值观教育取得了很好的效果，整个社会风气纯正，人民尽管在物质上不够富有，精神上却是豪情万丈地投入社会主义的伟大建设中。

然而，随着1957年"反右斗争"的扩大化，我国的价值观教育开始出现偏差。在教育内容上，宣扬"以阶级斗争为纲"，在教育方法上，用频繁的、大量的政治运动取代常规的课堂教育，不尊重老师的教育成果，把老师批成"臭老九"。此阶段的价值观教育，完全偏离了"以人为本"的初衷，违背了价值观教育的基本规律，最终导致"文化大革命"，给我国的社会主义建设带来重大损失。

1976年，党中央代表人民的意志，果断出拳，粉碎"四人帮"，拨乱反正，把我国社会主义建设的方向重新扭转到正确的轨道上来。1978年，党的十一届三中全会做出了"以经济建设为中心和实行改革开放"的战略决策。随着改革开放的不断深入，我国社会进入"常规性稳定的社会运行状态"[①]，此时的价值观教育主要以"实事求是"为主要内容，大学生自尊自信、自立自强的自我意识也开始觉醒。

1992年，邓小平同志的南方视察以及中共十四大的召开，标志着我国

---

① 张澍军：《试论思想政治教育学科前沿的若干重大问题》，载《马克思主义研究》2011年第1期。

的社会主义建设进入一个全新的发展阶段。此阶段中国教育体制改革大幕拉开，大学生不再有"铁饭碗"，不再"包分配"，而是走向了自我求职的变革之路。受社会主义市场经济深入发展的影响，大学生的价值观发生了一些变化，逐渐向"理性务实"转变。2006年3月4日，胡锦涛同志提出了"社会主义荣辱观"。同年10月，党的十六届六中全会召开，正式明确提出"建设社会主义核心价值体系"这一重大命题和战略任务。这些成为我国价值观教育的新内容，并对青年学生的价值观产生了深远影响。2012年，党的十八大报告正式提出了"社会主义核心价值观"的24字内容。这是对社会主义核心价值观的最新凝练表达，也是当前高校对大学生进行价值观教育的最重要的内容。社会主义核心价值观倡导富强、民主、文明、和谐，倡导自由、平等、公正、法治，倡导爱国、敬业、诚信、友善，既有对国家层面社会主义建设的要求和期待，也有对公民个体的关怀和希望，对人的生存和发展的关心。

因此，回顾我国价值观教育的历程，价值观教育的内容必须以人为本，让价值回归到满足人的生存和发展的本源价值。我们看到，微文化作为一种亚文化，虽有消极的因素存在，但它是高科技发展的结果，它所代表的知识与力量、平等与自由的观念，对大学生的全面发展具有重大作用。因此，当代高校价值观教育必须充分利用好微文化的资源，将微文化的积极因素与价值观教育有机结合起来，以人为本，满足大学生的生存和发展需要，为大学生成长成才服务。

三、注重提高大学生的现实价值观念

实证分析表明，微文化对大学生的价值观和行为有重要影响，但是大部分大学生在网络价值与现实价值发生冲突时，选择以现实价值为准，现实世界的价值观与网络行为之间具有很强的相关性。在现实世界里，严格要求自己的大学生，对于微平台上不健康的内容会自觉抵制。然而在现实世界里道德素质低下、法律观念淡薄、价值观念歪曲的大学生，在虚拟世界里肆意放纵自己的可能性更大。在现实社会和网络社会的交互作用中，我们看到，大学生在现实社会中建立起来的价值观念对虚拟空间的价值观念有很重要的影响，因此，大学生价值观教育从务实的角度，更应注重提高大学生的现实价值观念。

第一，注重现实价值观教育，要引导大学生在现实中自觉学习社会主义核心价值观，确立以社会主义核心价值观为主导的价值观念和行为准则。改革开放41年来，我国经济、社会、文化都取得了举世瞩目的成就，大学生伴随着改革开放的步伐成长和发展，也共享了改革开放的成果。总体来说，现在大学生的主流还是支持改革开放、拥护中国特色社会主义道路的。但是我们也应该看到，帝国主义、敌对分子亡我之心始终不死，网络和微平台上既有正能量的信息，也充斥着很多诋毁改革开放、反对中国特色社会主义道路的反面声音。对于这种现状，我们既要正视它的存在，也要和敌对分子做坚决的斗争。对于大学生而言，一定要用社会主义核心价值观武装头脑，自觉提高思想观念和价值水平。

第二，注重现实价值观教育，要学会批判和扬弃。我们强调注重现实价值观教育，既要宣传、认同和践行社会主义核心价值观，也要学会对传统价值观进行批判和扬弃。在中华民族两千多年的发展历史中，我国形成了传统价值观，其中有精华，也有糟粕。例如，我国传统价值观推崇整体主义思想，"修身、齐家、治国、平天下""先天下之忧而忧，后天下之乐而乐"；以孔子、孟子为代表的儒家思想提出"仁、义、礼、智、信"的文化观；明朝哲学家王阳明的"天人合一"思想是中华民族传统价值观中和谐的集中体现。这些好的、进步的、积极的思想都是精华，应该继承下来。当然，古代传统价值观也有一些糟粕，例如，在孔孟思想中包含的"三纲"是对君臣、父子、夫妻三种基本的伦理等级关系的界定，即君为臣纲、父为子纲、夫为妻纲。这种思想强调"君权神授、父命难违、夫权至上"，是后世不平等伦常关系的根源，是封建糟粕的表现，是我们应该坚决抛弃的。因此，我们在强调现实价值观教育的同时，对传统价值观要取其精华、弃其糟粕，合理吸收其中正确的、积极的成分，为我所用。

第三，注重现实价值观教育，要善于把微文化所体现的关怀个体和对美好生活追求的价值精神，吸收到现实价值的观念中来。"对美好生活的追求"是当前全体人民的共同向往，是中国共产党始终不渝的奋斗目标。这里的"美好生活"既包括现实社会的美好生活，表现为物质富裕、精神充实、文化繁荣、空气清新，也包括虚拟社会的美好生活，表现在网络畅通、网络空间清朗、微平台管理有序等。微文化体现了当代科技发展的最新成果，它所蕴含的关注个体发展精神、以人为本精神、民主精神、平等精神、自由精神等都符合社会主义核心价值观的要求，是人们追求美好生活所需要的精神。因此，充分发挥微文化的优势，将微文化的积极精神与现实社会相融合,也是当前大学生价值观培育的重要要求和内容。

第二节　微文化环境下大学生价值观培育的基本原则

原则是人们在做具体工作时应遵循的基本要求与规定,它是人们实现预定目标的有效保证。大学生价值观培育的原则是指在培育大学生价值观的过程中,正确处理各种矛盾关系所必须遵循的法则或标准。微文化环境下,大学生价值观培育存在的政治环境、经济环境、文化环境都发生了很大的变化,因此,微文化环境下大学生价值观培育的原则也应该适应时代发展的变化,与时俱进。

一、主导性与多样性相结合的原则

"世界上没有两片完全相同的树叶",因此,世界才会如此精彩。世界上的万物都存在差异性和多样性。文化作为一种意识形态,属于上层建筑的一部分,由经济基础决定。社会中经济主体和经济形式的多样性,决定了文化思想的多样性。但社会思想的多样化,必须以主流意识形态的主导性为前提,坚持主流意识形态的主导地位。世界历史发展的社会实践证明,在任何社会、任何历史发展阶段,意识形态领域的指导思想必须是一元主导,决不能搞多元并驾齐驱,否则就会使一个社会缺乏统一的价值导向,使社会运转失去方向,使意识形态出现混乱。

在意识形态领域坚持主导性与多样性的结合,是我国社会多样化发展的必然。改革开放以前,我国社会基本上处于单一的社会经济状态,在意识形态的指导思想上一直坚持的是"一元论",即绝对地坚持马克思主义的指导思想,不允许其他思想的存在,这与新中国成立初期我国的国情是相吻合的。

改革开放以后,中国的国门打开。伴随着社会主义市场经济的发展,我国社会出现了国有企业、民营企业、外资企业等多种经济形态,就业岗位和就业形式也出现多样化状态。社会存在决定社会意识,经济发展的变

137

化必然带来人们思想上的发展变化。同时，由于国门被打开，西方的一些思想、观念一齐涌入，整个社会的思想呈现出多样化的局面。网络时代、微时代的来临，更加剧了文化思想多元化的局面。网络的开放，各种微平台的活跃，导致文化领域的不同思想激荡并存，其中最主要的是社会主义思想文化和资本主义思想文化的激烈交锋。

在这种背景下，我们更要坚持主导性和多样性相结合的原则。

首先，社会主义核心价值观充分体现了社会主义的本质属性，反映了社会主义的主要价值追求，是当代中国的主导性文化。我们必须牢牢坚持社会主义核心价值观的主导地位。微文化背景下，我们要发挥主流媒体的导向作用，紧密依托微博、微信等平台传播主流价值观，坚持社会主义核心价值观的主导地位，这是事关全局和我国特色社会主义发展道路的重大原则问题。

其次，我们也要尊重社会上其他文化思想的存在，坚持"主导性"与"多样性"统一的原则。当前，社会经济成分的多样性，决定了多种文化思想存在的可能性和必然性。我们要正确认识这些非主流思想的存在，对那些能够促进生产力发展和社会进步的意识形态给予保护，对那些借微博、微信平台传播分裂国家、危害人民的思想和行为坚决予以打击。

二、自律性与他律性相结合的原则

价值观的培育是一种实践活动，必须坚持自律性和他律性的统一。所谓自律性，是指大学生主体对自己意志和行为的自觉约束，通过自主自觉的学习，树立正确的价值观。他律性是指通过其他方式的规范和监督，帮助大学生树立正确的价值观。

当前，移动互联网的普及，微文化平台的开放，让大学生的生活自由而丰富，并且网上的内容过于复杂，大学生很容易受到消极因素的影响，大学生树立正确价值观的自律性大大减弱。为此，大学生价值观的培育不能仅仅依靠大学生的自律，适当的他律也是非常必要的。

大学生价值观培育必须坚持自律性和他律性相结合的原则。一方面，加强大学生的自律。毛泽东同志在1937年8月于《矛盾论》中指出："外

第六章 微文化环境下大学生价值观培育的应对与创新

因是变化的条件，内因是变化的依据。"① 这句话告诉我们，内因是事物变化的根本原因。微文化环境下，信息传播便利，文化平台开放，大学生要自觉坚持社会主义核心价值观，加强自律，抵御不良思想的侵蚀，勇担大任，勇立潮头，做时代新人。另一方面，对大学生正确价值观的培育也要坚持"他律"。因为人的自律是有限的，并非人人都能自律，所以在自律不能完全实现的情况下，只能依靠他律。例如，古代著名的《孟母三迁》的故事。在孟子小时候，他的家最先是在墓园附近，孟子从小就跟别人学着哭丧，和小朋友做的游戏也是和死人有关的。孟母知道后，说这个地方不适合他们居住，就带着孟子搬家了。后来，他们搬到了集市附近，那里住着一个卖肉的屠夫。孟子就跟着这个屠夫学习屠宰和买卖。孟母知道后，说这个地方也不适合他们居住，又搬走了。这一次，他们搬到了学堂边。孟子和其他学生一起跟着老师读书写字，最后成为古代著名的思想家，和孔子并称为"孔孟"。

《孟母三迁》的故事告诉我们，在人不能完全做到自律的情况下，他律是非常重要的。孟子小的时候很容易受到周围环境的影响，孟母适时的对他进行了管教，终于把孟子培养成著名的思想家，这就是我们说的"他律"。现在的大学生虽然已经成年，但还不成熟，正确价值观的培养除了需要他们自觉自律以外，还需要对他们加强"他律"，如要求大学生认真上思想政治理论课，营造良好的校园环境，实行环境育人，净化微平台，创造良好的网络环境等。总之，大学生正确价值观的培育，必须坚持自律性和他律性的统一。

三、现实性与虚拟性相结合的原则

"任何技术都倾向于创造一个新的人类环境。"② 中国于20世纪90年代开始进入网络社会，经过近30年的迅猛发展，网络已经成为人们不可或缺的日常生活工具，网络化成为人们的存在方式。网络的流行，将人类社会分成现实社会和虚拟社会两个完全不同的空间。现实社会，顾名思义，是人们真实生活的社会，包括人们的工作、日常生活、与亲人的相聚等，都

---

① 《毛泽东选集（第1卷）》，人民出版社1991年版，第301页。
② 王萍：《教育微博系统研究》，载《电化教育研究》2011年第8期。

是以真实的身份参加和发生的。而网络虚拟社会的到来，带给人们的是完全不同的体验方式，任何人只要有电脑、有账号，就可以用完全虚拟的身份与网络中的人进行对话、聊天、交往。

微平台本质上也是网络社会、虚拟社会的表现形式之一。很多大学生注册的微博账号都是虚拟的，并不是真实的名字。微信虽然是"半熟人"交往模式，但微信好友基本是真实的。而评论却通常用的是虚拟的名字，因为人们在微博、微信上发表的评论都不愿意使用真实的名字。

基于这种现实，微文化环境下大学生价值观的培育必须坚持现实性和虚拟性相结合的原则。一方面，现实社会仍然是大学生的主要生存空间。大学生在课堂学习、在宿舍休息、参加社团活动等都是在现实社会完成的。因此，在对大学生进行价值观培育时要体现现实社会的重要性，运用一切真实存在的物质、环境因素，建设良好的校园文化，帮助大学生树立正确的价值观。另一方面，虚拟社会在大学生中越来越重要。大学生已经离不开网络，很多大学生每天沉溺于微博、微信。虚拟社会有其独特的价值体系，同时又深受现实空间的影响。换句话说，大学生在虚拟空间的表现有着深刻的现实根源。当前，虚拟空间已经占据大学生学习生活的很大一部分，大学生的学习、生活、交友等很多形式都在虚拟空间里完成。我们必须高度重视虚拟空间里大学生的思想状态和价值理念，坚持现实性和虚拟性相结合的原则，用现实社会正确的价值观引导大学生在虚拟空间里规范自己的言行，做到现实和虚拟的统一。

四、灌输性与主体性相结合的原则

马克思主义认为，物质决定意识，社会存在决定社会意识。列宁也指出，工人本来也不可能有社会民主主义的意识，这种意识只能从外部灌输进去。同样的道理，社会主义核心价值观作为一种意识形态和理论武器，也不可能自觉地让大学生理解、形成和践行。最开始、最直接、最有效的办法就是进行理论灌输，通过有目的、有计划地对大学生进行社会主义核心价值观教育，让他们了解社会主义核心价值观的基本内容，形成基本概念，再内化成价值认同，最后才可能在实践中真正践行。

从目前来看，理论灌输法有其存在的重要意义和价值，但也出现了很多问题。一是理论与实际脱节。当前高校的一些老师上思想政治理论课时，很少关注社会上发生的热点和疑难问题,不能跟上时代发展的步伐,不注重从关心学生的日常生活角度入手来进行价值观教育,因此,无法对大学生形成科学有效的价值引导。二是只注重老师的理论灌输,受教育者即大学生的主动性和能动性发挥不够。即老师在课堂上口若悬河,滔滔不绝,而学生却没有任何反应。很多大学生把思想政治理论课当成睡觉课,一上课就开始睡觉。还有一些大学生把思想政治理论课当成公共课,来上课只是担心老师会点名,实际上是"身在曹营心在汉",在课堂上根本没有听讲,而是忙着做数学作业、背英语单词等。

要改变这种现状,我们必须坚持灌输性和主体性相结合的原则。一方面,价值观教育内容要贴近大学生生活实际。大学生生活的实际既包括大学生学习生活的小环境,也包括大学生成长成才的社会、国家大环境。思政课教师在进行价值观教育时,既要结合当今中国进入新时代的大背景,密切关注社会出现的新现象、新问题,同时也要关心大学生的学习生活中的实际问题,从日常生活角度入手,用理论指导实践,帮助大学生成长,增强大学生学习价值观的积极性。另一方面,要重视学生的主体地位,坚持灌输性和主体性相统一的原则,可以充分运用微平台的优势,让学生参与到价值观教育的教学中,加强互动和交流。大学生只有在参与中发挥积极性和主动性,才能更好地理解社会主义核心价值观的内容,才能真正内化、认同和践行社会主义核心价值观。

第三节 微文化环境下大学生价值观培育的具体路径

微文化改变了人们的生活方式和消费方式,为人们的生活和学习提供了多种便捷的渠道,但微文化在发展过程中也出现了一些消极的、不健康的因素,我们应该去正视这些负影响,通过找出问题并剖析问题存在的原因,进而对其进行有效的引导,使之走向健康、良性的发展。当前,我们应以马克思主义积极健康的文化观去科学审视微文化,以社会主义核心价值观为思想引领,牢牢掌握微空间的话语权,培育微平台,促进微互动,优化微环境,形成合力,全面促进大学生价值观的培育。

一、微文化空间的话语权重构

法国哲学家福柯最早提出话语权的概念，话语权主要指的是影响社会发展方向的话语能力。在文化学上，话语权主要指的是主流文化对社会思想的领导力。大学生是我国接受高等教育的群体，是国家的希望和民族的未来。高校主流文化建设关系到我国社会主义建设的顺利进行和依法推进，必须牢牢掌握他们在微空间的话语权。

（一）加强马克思主义话语的科学引领

习近平总书记在纪念马克思200周年诞辰大会上发表重要讲话，指出马克思留给我们最有价值、最具影响力的精神财富，就是以他的名字命名的科学理论——马克思主义。马克思主义是中国共产党人立党立国的根本指导思想。面对新国情、新时代、新发展，必须首先坚持和加强马克思主义话语的科学引领。

第一，要加强马克思主义理论的学习。马克思主义理论的内容博大精深，是大学生进行理论学习的瑰宝和源泉。学习马克思主义基本理论，既要深入阅读原著，理解马克思主义思想的形成和具体内容，更要学习马克思主义与中国实践结合而形成的中国特色社会主义理论，包括邓小平理论、"三个代表"重要思想、科学发展观、习近平新时代中国特色社会主义思想。加强马克思主义的话语权，要学习、理解马克思主义理论的精髓及其在当代中国的最新发展。

第二，要巩固马克思主义在高校意识形态领域的主导地位。习近平曾强调"意识形态工作是党的一项极端重要的工作"。当前，高校意识形态领域的形势日益严峻。主要原因有两点：一是伴随着微博、微信等平台的广泛应用，一些反动的、非主流的思想在虚拟空间里广泛传播，严重影响了当代大学生的价值判断。二是伴随着"回国热"，很多高校为了追求国际化，要求聘任的大学老师必须有国外留学的经验。能在国外学习到先进的知识、技术和方法等回国效力当然是好事，但是我们必须承认，有些老师在国外学习后，接受了西方国家的价值观念，回国后在大学生课堂上大肆推崇和传播西方价值观，反对和贬低中国的核心价值观，这是完全错误的和必须反对的。更有甚者,有些老师打着国外留学回来报效祖国的旗子,背地里却干着窃取国家机密、危害国家安全的犯罪行为,对这种行为必须用法律进行严惩。因此,面对高校现在越来越复杂的意识形态局面,很多高校都出台了巩固高校意识形态工作责任制的方法、政策等,务必加强马克思主义在高校意识形态领域的主导地位。

第三,要充分发挥马克思主义理论工作者在马克思主义理论学科建设中的主体作用。加强马克思主义话语的科学引领,还必须培养一批高校马克思主义理论科研工作者,传播马克思主义思想。目前,高校马克思主义工作者的普遍状态是:教师队伍青黄不接,青年教师成长太慢。专职的思想政治理论课老师人数远远没有达到教育部的比例要求,很多思政课老师尤其是青年教师疲于上超大工作量的思政课,无法抽出时间进行专门的科研创作。因此,需要继续推进马克思主义理论研究和建设工程,改善思政课教师的教学环境和教学条件,鼓励更多的教师投入马克思主义理论的科研工作中,增强马克思主义学科的话语权。

(二)用爱国主义精神彰显微文化的主题

爱国主义是中华民族最为深厚的历史情感,是把中华民族坚强团结在一起的精神力量,也是在微平台坚持话语权的前提。列宁曾说过,爱国主义就是千百年来巩固起来的对祖国的一种最深厚的感情。2018年5月4日,习近平在北京大学师生座谈会上的讲话也指出,爱国是人世间最深层、最持久的情感,是一个人的立德之源、立功之本。爱国,不能停留在口号上,而是要把自己的理想同祖国的前途、把自己的人生同民族的命运紧密联系在一起,扎根人民,奉献国家。

当前,微平台上各种思想激烈交锋,要巩固和掌握微空间的话语权,便要坚持爱国主义精神。一是要倡导大学生在微空间里高举爱国主义大旗。大学生是国家的希望和民族的未来,在微空间里坚持爱国主义的话语权,这是价值观培育的原则。热爱自己的祖国,必须爱祖国的大好河山,爱自己的骨肉同胞,爱祖国的灿烂文化。二是要弘扬新时代的爱国主义精神。新时代的爱国主义,既具备中华民族传统的爱国主义优良传统,又体现了鲜明的时代特征,内涵更加丰富。我们要坚持爱国主义和社会主义相统一,维护祖国统一和民族团结相统一,尊重和传承中华民族历史和文化,面向世界,构建人类命运共同体,维护中国的话语权。

(三) 培养大学生意见领袖

拉扎斯菲尔德认为,在每个领域和每个公共问题上,都会有某些人最关心这些问题并且对之谈论得最多,我们把他们称为"意见领袖"。意见领袖以自己在某些领域的知识、能力、关系、地位和身份深刻影响和改变人们的观念和看法,并左右人们的言行[1]。在微时代,我们要抢占微空间的话语权,必须高度重视意见领袖的培育。在高校,大学生意见领袖主要是在大学生中有影响力的大学老师和非常优秀的学生。

第一,要重视在大学生中有影响力的大学老师的话语导向。每所大学总有一些老师受到学生的欢迎,他们或者是辅导员,关心学生的衣食住行,是大学生生活上的"贴心人";他们或者是专业课教师,课堂讲授精彩,得到大学生的尊敬,是大学生学习上的"引路人";他们或者是普通的公选课老师,因个人魅力而得到学生的广泛关注,成为青年大学生的"意见领袖"。

以笔者所在的广东工业大学为例,有一位姓乐的老师,他不是学生辅导员,也不是专业课老师,只是我校通识教育中心的一名公选课老师,主要承担公选课工作。然而,这位老师在我们学校却是个不折不扣的"意见领袖"和微博"大 V"。他在新浪微博上的介绍写着"广东工业大学副教授、文学博士、知名校园博主、头条文章作者、微博签约自媒体",他的粉丝达到 110 738 个。他几乎每天都更新微博,已发布微博 20 351 条,内容多是关注社会热点问题、解答学生疑惑以及传递广工正能量。作为"意见领袖",乐老师对学生的影响力可以从以下这件事反映出来。

2017 年 10 月 12 日,苏宁电器 2017 年高校招聘负责人在广东工业大学龙洞校区召开招聘宣讲会。该负责人在宣讲会上不仅当场把广工说成二本院校(事实上广工已于 2014 年全面升成一本院校),而且直言苏宁电器的管培生职务一般就给中大、华工的学生,广工的学生只能申请储备干部(储备干部就是指不会直接录用,只是后备)。此言论一出,立即激起了广工学生的千层浪。同学们都感到无比愤怒,纷纷在微博、微信上发帖,质问苏宁电器既然如此看不上广工,为什么还要来广工举办宣讲会呢?这简

---

[1] 蒲清平、张伟莉、赵楠:《微文化:特征、风险与价值引领》,载《中国青年研究》2016 年第 1 期。

第六章 微文化环境下大学生价值观培育的应对与创新

直是对广工的侮辱和蔑视！此负责人的言论不仅暴露出苏宁员工的职业素养之差，更是一种蔑视广工尊严的表现。

同学们愤怒的声音在网络上越来越大，一直要求苏宁电器就当晚的不当言论给广工道歉。乐老师10月12日晚10点16分也在他的微博发了一篇文章《苏宁，请给广工一个道歉》，内容如下：

2017年10月12日，有学生反映，苏宁校招负责人在广东工业大学龙洞校区召开宣讲会，宣称管培生只要985/211，广工和广技师都是二本院校。此外，该负责人还面对现场广工学生说过一些不太妥当的话，实在有失苏宁世界500强的颜面。在广工主场，苏宁竟然如此失格、失礼，强烈要求苏宁集团向广工郑重道歉！

乐老师的这篇微博发布后，得到大学生的疯狂转发，很快突破"10万+"的阅读量，并在第二天登上了"今日头条"新闻版。随后，各路"大V"、网络写手都纷纷加入这场事件的讨论，此事一时成为社会热点。苏宁电器在这种形势下，紧急进行了危机公关，并于10月14日凌晨及时发布了致歉函，为招聘人员的不当言论道歉，并对此事进行了处理。苏宁在致歉函中表示，现场工作人员未能深刻理解公司的招聘策略，在管培生的引进来源及广工的定位方面存在误读，并向广东工业大学师生道歉。道歉原文见图6-1。

"苏宁招聘歧视广工"事件随着苏宁的道歉信暂时告一段落。在这个案例中，我们清楚地看到，乐老师的微博对事件的进展具有关键性作用，这充分体现了意见领袖的影响力。因此，我们要高度重视在大学生中有影响力的老师的言论，注意引导他们向正能量的方向发展，牢牢掌控微空间的话语权。

第二，我们也要重视优秀学生在同学中的影响力。优秀学生是大学生的优秀代表，作为大学生的朋辈群体，虽然他们不能像老师、辅导员那样在微博上一呼百应，但是他们在日常生活和学习工作中所呈现出的优秀品质，会对大学生产生模仿和潜移默化的力量。要进一步调动这些优秀学生参与舆论的主人翁意识，增强他们维护微平台健康发展的主动性。更应鼓励优秀大学生积极建言献策，提高把握大局的能力。因此，我们也要重视对优秀学生的培养和引导，掌握微空间的话语权。

关于广东工业大学现场招聘情况的致歉函

尊敬的广东工业大学师生朋友：

今晚校招现场我司现场工作人员未能深刻理解公司招聘策略，在管培生引进来源、广东工业大学定位等方面存在误读，由此给广工师生带来的伤害深表歉意。

苏宁一直非常重视大学人才，专门设立"1200工程"，并将其定义接班人工程。长期以来我司与贵校均有着密切的合作，2017年应届毕业生引进15位，基于广工的实力及既往员工的优秀表现，此次特将校招路演设在广工，希望能继续在广工引进优秀的人才。

针对此次校招现场员工的错误言论，公司获悉后，当即对其进行了严肃的批评并免职，公司也对没能做好员工的培训管理工作深表歉意，13日一早将由公司负责人亲自到学校向学校说明情况并致歉！

感谢广工师生的及时指正，也希望大家一如既往的监督支持苏宁，再次对我们的工作失误给大家造成的困扰和伤害表示由衷的歉意。

广东苏宁云商销售有限公司
2017年10月12日

图6-1 苏宁关于广工招聘宣读会的致歉函

二、微文化平台的价值观渗入

在这个碎片化、数据化的微时代，每一个微文化个体都有强烈的表达和展示的欲望。当前，微博、微信等微文化平台为大学生社会主义核心价值观培育搭载了快车，已经成为价值观传播的最重要平台。因此，要主动切入微文化阵地，建好"微课堂""微支部""微社群"等微平台，以平台功能吸引大学生，传播主流声音，引领主流价值。

第六章 微文化环境下大学生价值观培育的应对与创新

（一）打造思想政治教育的"微课堂"

2016年12月，习近平总书记在全国高校思想政治工作会议上明确指出，"要运用新媒体新技术使工作活起来，推动思想政治工作传统优势同信息技术高度融合，增强时代感和吸引力"①。当前，高校思想政治理论课仍然是对大学生进行价值观教育的主渠道、主阵地。在微时代环境下，思想政治理论课必须改变过去单一说教、枯燥僵化的教学模式，善于利用"微平台"，积极创新"微课堂"，改革教学方法、教学手段，增强大学生对主流文化的价值认同。

一是可以利用微博传播快、覆盖面广的特点，组织学生在微博上对一些热点话题和事件进行"微讨论"，思想政治理论课教师对讨论进行方向指引和适当点评。二是可以借助微信群聊功能，建立虚拟班级，方便思想政治理论课教师与学生进行全方位、多角度的互动和交流。高校还可以建立以思想政治教育为主题的微信公众号，鼓励学生积极关注公众号，通过文字、图片、视频等方式向学生推送时政要闻、先进文化、党的方针政策等。三是可以给定相关主题，如爱国主义、理想信念、人生价值等，让学生自编、自导、自演、自制"微视频"，并在思想政治理论课堂上进行公开展示，实现新媒体技术与主流文化教育的完美融合。四是可以在思想政治理论课堂上通过播放"微电影"这种大学生比较喜欢和容易接受的形式进行主流文化教育，并在高校官方网站、官方微博、微信公众号等平台上对"微电影"主题活动进行推广和传播，发挥影视传播的主流舆论导向作用。

（二）建设坚强堡垒"微支部"

大学生党员是大学生的优秀代表，大学生党支部是优秀大学生的组织团体，理所当然应该成为社会主义核心价值观的引领者和示范者。在微文化时代，大学生党支部也要勇立潮头，敢于创新，一方面在支部生活内容上紧跟国家、社会、学校发展的热点大事，关心学校、社会和国家的发展，发扬大学生党员关心政治的优良传统。另一方面也要创新支部活动方式，利用微博、微信等新媒体平台开展党员学习和活动，牢牢把握意识形态的

---

① 习近平：《在全国高校思想政治工作会议上的讲话》，载《人民日报》2016年12月9日。

领导权，使大学生党组织成为大学生社会主义核心价值观培育工作中的坚强堡垒。

第一，发挥微信平台在党员教育管理服务工作中的效用。党员微信群是早期党员 QQ 群的延伸和发展。但是早期的党员 QQ 群主要是以发布通知、共享文件为主，现在的微信群功能更为强大，集体互动和讨论交流的功能更强。要积极发挥微信平台在大学生党员教育管理服务工作中的效用，利用微信朋友圈发送喜闻乐见的红色经典、时事政策，同时选择红色微信公众平台重点关注。这些方式、方法能够更好地服务于大学生党员的教育管理服务工作。

第二，聚焦近期热点重点话题。大学生党员是大学生的先锋模范代表，学习马列理论、关心国家大事是对他们的基本政治要求，不能再像高中那样"两耳不闻窗外事，一心只读圣贤书"。高校党支部要组织好大学生党员，运用微博、微信等微平台对近期热点、重点话题展开讨论，在帮助澄清、解决困惑与迷茫问题过程中树立正确的价值观。

第三，将微支部与微沙龙、微课堂等微平台联合起来。在访谈中我们了解到，很多高校的学院都创立了自己的品牌沙龙活动，以实验室理论研讨为主。还有一些高校创新了思想政治理论课的教学，开设了"微课堂"，这些都是顺应微时代发展的好的做法和形式。大学生党支部不是孤立存在的，作为优秀大学生的组织团体，应该实现党员培养与教学科研、人才培养的有效衔接和良性互动，将大学生党支部建立在学科、实验室、课题组等，实现微支部与微沙龙、微课堂等微平台的有机联合。

（三）推动志趣吸引"微社群"

微社群是"基于共同的兴趣图谱、社会关系、工作学习等多元需求，由一个个感性的社会人自主创建或自发聚集而形成的网络社会群体"①。青年大学生因为共同的兴趣、爱好、理想、志向等连接在一起，形成一个个微社群。大致来说，我们可以将"微社群"分为三类：一是兴趣型社群，是大学生基于共同的兴趣爱好而组建的社群，如画画群、写作群、轮滑群、武术群等。二是知识型社群，是大学生为了分享和学习知识而建立的社群。三是社交型社群，即大学生组建社群的目的是人际交往和沟通交流，常见

---

① 张文宏：《网络社群的组织特征及其社会影响》，载《江苏行政学院学报》2011 年第 4 期。

第六章 微文化环境下大学生价值观培育的应对与创新

的社交型社群有微信群、微博群、QQ 群。

大学生的微社群具有关联性、周期性、交错性、现实性等特征，在大学生中的影响也很大。当前要充分利用好微社群这个平台，做好社会主义核心价值观的培育工作。一是利用微社群获取学生感兴趣的新素材。当代大学生求新求异意识强，他们善于运用新媒体获取大量新鲜事物，通过微社群，思想政治教育者可以更为直接地了解学生的实际情况，将学生感兴趣的内容与价值观教育有机结合。二是创建"线上学习，线下实践"的新方法，借助微社群，搭建社会主义核心价值观的线上学习平台，然后在线下进行相关的实践活动，如组织参观历史纪念馆、黄埔军校等，在实践中增进对社会主义核心价值观的认同。三是加强微社群信息的正确引导。微社群是一个开放的平台，各种积极的、消极的信息都可以在这个平台上传播。对于涉世不深的大学生来说，很容易受到误导。因此，要加强对微社群信息的监管和引导，提高学生的信息辨别能力，让微社群成为传播社会主义核心价值观的重要平台。

三、微文化沟通的机制完善

第三章的实证调查显示，大学生经常利用微博、微信载体与他人沟通、交流、互动，这种交流协作在大学生认同和践行社会主义核心价值观方面有良好的正向影响。因此，我们要特别注意完善微文化沟通机制，注重沟通交流、自主互动、分享互助等方式在大学生社会主义核心价值观培育中的作用发挥。

（一）增进交互性

交互性是指在网络活动中，信息的发送者、接收者和传播者都可以依据一定的平台进行直接的、多向的交流，其核心在于大家一起创造和分享信息。美国学者大卫·斯科特认为，社交媒体自身的特质就是"人们可以彼此分享见解、信息、思想并建立关系的在线平台"[1]。传统文化信息的传

---

[1] 大卫·斯科特：《新规则：用社会化媒体做营销和公关》，于宏等译，机械工业出版社 2013 年版，第 98 页。

播主要是单向的、自上而下的传播，个人往往只是单纯的信息接收者。而微文化时代的到来，使得传播者和受众之间的界限被完全打破。基于移动互联网技术，个人可以随时随地通过微信、微博等分享自己的所见所闻所想，信息传播不再是单向流动，而是进行多向、互动、网状、裂变式传播，呈现出"一次采集、多形态生产、无限次传播"的特质。微博、微信、新闻App等平台上的反馈机制，点赞、关注、留言、评论和转帖等功能不仅是文本的延伸，而且可以带动直接的互动，在陌生人和熟人之间、虚拟和现实之间，实现你、我、他之间的同步对话和意见交融。传播者和受众之间便捷、快速的互动模式，个体在公共空间言说发声的方式，形成了一种以互动性为典型特征的多向的、纵横交错的、立体的传播生态。

微文化环境下增强交互性，应该做到：一是用双向互动加强沟通。一方面通过主流课堂、主流媒体宣传和传播社会主义核心价值观。另一方面让大学生参与互动，在互动中消除大学生的疑惑，更好地掌握其思想动态和心理发展变化。二是用分享拉近距离。分享是指将自己拥有的物质或者精神财富与他人共享，在微文化环境下的分享主要是信息分享。高校应加快各级新媒体平台建设，建立直接便捷的沟通渠道，实现知识信息及时分享。三是用畅通渠道来消除话语隔阂。微博、微信的快速发展，给大学生提供了一个可以表达诉求、伸张利益的渠道和平台。微时代的青年个体不是"被俘虏的观众"，而是"熟练的行动者"，"政府不应一味地扮演发号施令者和话语独白者，更不能扮演旁观者，而应当是民主沟通的促进者和参与者"①。在面对社会、国家、校园、宿舍等突发事件时，如果相关部门不能及时发布信息，澄清疑惑，大学生就会到互联网上寻找答案，对政府、学校的公信力进行质疑。这就要求我们官方微博、微信账号要及时畅通利益表达渠道，消除话语隔阂，才能获得大学生的支持和拥护。

（二）关注微诉求

微文化时代，每个人都是独立的个体，都有自己的诉求。大学生价值观培育要想取得实效，还需要关注大学生的"微诉求"。

关注大学生的微诉求其实就是满足大学生的需要。当前大学生的"微诉求"包括：一是政治诉求。政治诉求主要是大学生不仅要有独立表达自

---

① 宋辰婷：《网络戏谑文化冲击下的政府治理模式转向》，载《江苏社会科学》2015年第2期。

己权利和利益的平台,更希望能获得关注和解决。例如,能够实际地参与学校管理的权利,公正地获得选举权和被选举权的权利等。二是学习诉求。当代大学生在学习上的诉求主要是希望能够提高教学质量,获得更丰富的知识。还希望改善教学条件,如教室加装空调、完善多媒体设施等。三是恋爱诉求。恋爱是大学阶段一道美丽的风景。大学生都有恋爱的渴望和冲动,但是恋爱观又不成熟,亟须老师在恋爱观方面加强道德指引。四是就业需求。从通俗意义上来讲,大学生学习的最终目的就是就业,即找到一份好工作。近年来,随着人才市场的饱和,大学生就业形势越来越严峻。从入校开始,"就业"就是大学生绕不开的话题和目标。因此,需要关注大学生的就业需求,引导他们树立正确的就业观。

特别要注意的是,微文化环境下,满足大学生的"微诉求"一定要注意个体差异,进行个体关怀。通过分析不同大学生的特点及需求,有针对性地进行关注和帮助,才能真正地做好沟通工作。

(三) 增强能动性

微文化背景下的大学生价值观培育工作必须要注重个体在理论和实践中的积极参与,发挥主观能动性。一是鼓励大学生开通微博、微信账号。这既可以展示自我,也可以加强交流。还可以开通个人公众号、班级公众号等,这也是个人形象、班级形象的展示平台。二是鼓励大学生自觉学习、认同和践行社会主义核心价值观,培养对不良信息进行鉴别和分析的能力,用正确的价值观来武装自己,抵御不良思想的侵蚀。三是鼓励大学生加强沟通。当前,大学生经常使用的沟通交流方式是微信。我们要引导大学生正确使用微信,同时要防止大学生沉迷于微信,荒废学业。

四、微文化环境的合力优化

本书第一章已经阐明文化环境与价值观的辩证关系,文化环境对大学生价值观的形成具有重要作用。当前,微文化发展使得大学生价值观培育的环境日渐复杂。因此,需要政府、媒体、高校、个人形成合力,共同优化大学生价值观培育的"微环境"。

（一）政府：强化网络监管

微文化开辟了大学生价值观教育的新渠道，创造了多元化价值观念传播的新平台。开放性和自由性是微媒体的主要特点，但是为了维护诚信的网络秩序和清朗的网络空间，必须加强政府对网络的监管职能。

第一，在法律方面，加快网络治理的相关法律的制定和出台。法律的重要功能是通过规范性和强制性的条款，为网络主体的利益冲突和矛盾解决提供标准化的范式。迄今为止，我国还没有专门的规范网络或者微平台的法律制度，已有的针对网络颁布的《互联网信息服务管理办法》《即时通信工具公众信息服务发展管理暂行规定》等规定又存在着法律层阶低且缺乏系统性、全面性和可操作性等问题。根据经济学"需求—供给"理论，网络道德失范行为频发的根本原因就是现有的法律制度体系完全不能满足信息技术发展和网络道德建设的需要。法律法规的滞后，使得网络交往存在一定的"盲区"和"真空"地带，客观上也助长了网络机会主义、失信、牟利的风气。

鉴于此种现实情况，一方面要尽快制定出规范网络秩序、规范微平台秩序的相关法律法规，做到有法可依，推动我国网络社会的建设向着体系化、制度化和法制化迈进。另一方面，鉴于虚假信息在微媒体平台上肆意传播、造成恶性社会影响的情况比较严重，应尽快制定专门的"微平台信息传播法"，规范信息的采集和传播，依法落实"诚信网络，诚信中国"的目标。

第二，在技术方面，为网络空间治理提供技术保障。在硬件技术方面，要建立扶持新产品研发与生产的制度，只有通过研究更加先进可靠、经济适用、有自主知识产权的路由器、服务器等硬件设施技术，才能在基础通信领域维护自己的信息自主权，使我国的网络制度建立在安全可靠的物质基础之上。在软件技术方面，要完善信息过滤和全程监控制度，从技术上解决网络失信的难题。例如，通过先进的技术手段，对网络信息提供者发布的内容进行审查、过滤和选择，对虚假信息加以堵截，对需要保护的信息进行加密，对某些特殊局域网加强访问控制等。通过对信息的过滤和净化，对网络空间中的登录、发布、交往等行为进行全程监管，为网络法律制度提供技术保障。

第六章 微文化环境下大学生价值观培育的应对与创新

（二）微媒体：重拾道德责任

微文化环境下，以微博、微信为代表的微媒体获得了迅速发展与广泛普及，在提供信息服务、推进民主进程、协调社会关系等方面发挥了积极作用，构建起一种新型的传播语境和媒介生态。但同时我们也看到，微媒体主体的"零门槛性"、传播的随意性和表达的匿名性也使得微媒体空间的道德责任缺失现象越来越凸显，极大地危害了微媒体的可持续发展。因此，必须加强对微媒体的道德责任建设。

第一，强化微媒体的道德责任理念。斯宾诺莎曾说："心灵的主动只是起于正确的观念，而心灵的被动则是起于不正确的观念。"① 心理学研究也表明，人的观念是人的行为的内驱性动机。道德责任理念是微媒体生存的根本，是微媒体主体职业道德的根本要求。微媒体要立足长远发展，必须强化道德意识，提高主体的媒介素养，树立正确的诚信观，把握和处理好长远利益和眼前利益的关系。

第二，加强微媒体的责任意识。媒体和一般企业不同，它是社会公器，在传播社会舆论、净化社会环境、促进社会稳定等方面具有不可推卸的社会责任。马克思曾高度评价媒体的社会作用，认为"报纸是作为社会舆论的纸币流通的"②。然而，在微媒体时代，一些微媒体盲目追求点击率和"看点"效应，传播虚假信息，加速谣言扩散，社会责任感严重缺乏。例如，2017年，"空心菜是毒中之王""一滴血就能测癌""扫二维码可清理僵尸粉"等一些谣言在微博、微信等微媒体平台上大肆传播，引发网民恐慌，扰乱社会秩序。因此，必须加大对微媒体空间的管理力度，对微媒体的不良行为予以记录。对于严重失信的网站和微媒体，应将其列入"黑名单"，剥夺其进行网络服务、网络交流的权利。近年来，国家网信办先后关停发表不当言论的"秦火火""立二拆四"等微博"大V"的微博账号，相继约谈新浪、腾讯等网站，以及2018年4月10日"为依法规范传播秩序，各互联网应用商店暂停'今日头条''网易新闻''凤凰新闻'和'天天快报'四款移动应用程序的下载服务"等事件，都是建立微媒体审核和退出机制的有益尝试。

---

① 斯宾诺莎：《伦理学》，贺麟译，商务印书馆1960年版，第31页。
② 陈力丹：《马克思恩格斯列宁论新闻》，人民日报出版社2009年版，第264页。

第三，形成微媒体道德责任的共识。微媒体空间本质上是一个虚拟空间。在这个虚拟社会中，原有的现实社会的价值尺度和诚信规范由于不适应虚拟新环境而破碎，而新的价值尺度和诚信观念尚未形成，因此，主体行为处于既不受传统社会规范的制约，又无新法可依的真空状态。在这种环境下，微媒体主体按照各自的价值取向毫无约束地去追逐个人利益的最大化，导致整个微媒体社会的秩序混乱、诚信失范、信仰缺失。因此，在由多重利益关系构成且充分凸显个体自主性、独立性的微媒体空间里，基于社会最基本的秩序需要和社会正常运行的最低阈限，必须整合人们的价值观念和行为，形成微媒体道德伦理的价值共识，才能保障微空间秩序的正常运行。

（三）高校：培育校园微文化

校园是大学生学习和生活的最重要场所。微时代环境下，我们必须坚定不移地以社会主义核心价值观引领高校校园文化发展，同时建设好校园文化建设的微平台，培育高校校园微文化，增强大学生对社会主义核心价值观的认同。

一是要大力加强校园微媒体公众平台建设，注册官方微博，设置微信公众号，建立贴近大学生生活、形式新颖、内容丰富的主流文化特色网站，运用新兴微媒体牢牢占领理论宣传主阵地，坚决把握主流文化的话语权。二是积极利用微媒体传播主体的"个体性"，及时更新围绕主流文化教育开展的活动和内容，充分调动大学生参与校园微直播、微调查等实践活动，旗帜鲜明而又鲜活生动地展示主流校园文化所倡导的社会主义核心价值观，提升大学生社会主义核心价值观的践行能力。三是强化校园网络舆情监管，以QQ群、微信群为依托，建立全覆盖的信息网络和疏导交流机制。微时代环境下，高校网络舆情呈现出传播速度快、对社会热点事件高度关注、理性与非理性并存、过程不易监控等特点，因此，高校要加强教育和行政干预的力度，坚持正确的主流文化导向，构建校园网络舆情联动收集工作机制，打造高素质的舆情工作队伍，为构建和谐的校园微文化环境提供保障。

（四）大学生：提高微媒介素养

所谓大学生微媒介素养，是指大学生能够正确、合理、有效地利用微

第六章 微文化环境下大学生价值观培育的应对与创新

媒体，以负责任的态度、理性的精神、批判的眼光来发布、传播与解读微信息的能力。在微时代背景下，随着手机、平板电脑等的普及，人们越来越热衷于碎片化和移动式的快速阅读，同时过分地依赖网络，对网络传播的各种信息怠于思考和分辨。在这样的环境中，大学生应该承担起时代赋予的责任，坚持在网络中保持自身的独立性，自觉地去提高自己的微媒介素养，主动接受和传播社会主义核心价值观。一是大学生要提高信息甄别能力。微时代环境下，网络已经成为大学生主动感知外部世界和获取信息的首要渠道。每个人都可以自由发布与传播消息，各种主流信息和不良信息共同充斥着整个网络世界，而大学生因为心理发展不成熟，极易受到不良内容的影响，甚至会做出一些错误的行为。正是在这样的背景下，大学生更应主动学会增强自身对是非的辨别能力，提高信息甄别能力和对媒介的批判、解读和使用能力。二是大学生要正确认识自己、尊重自己。苏联教育家苏霍姆林斯基说过，只有在受教育者尊重自己的前提下，才可能有自我教育。面对多姿多彩的新媒体世界，大学生应学会发挥微媒体在学习生活中的积极作用，积极运用微媒体的信息资源来获取知识、发展自己，形成正确的主流文化价值观念。三是大学生要提高自身的自律意识。自律是个体对自我道德行为的约束，良好的自律意识是大学生心智成熟的重要表现。微时代环境下，面对各种网络诱惑，大学生应自觉树立微媒体自律意识，增强自我约束与辨识能力，以理性的态度对待各种不健康思想的侵蚀，同时要合理安排时间，不沉溺于微博、微信，不信谣，不传谣，主动接受社会主义核心价值观教育，追求更高的人生价值，实现人格的自我完善。

总之，微文化的发展给高校大学生价值观培育工作带来许多新挑战。深入研究微文化对大学生价值观念和行为的影响，给高校思想政治教育工作带来许多新启示。在微文化背景下，大学生价值观培育应该凸显人的生存发展的根本要求，满足大学生全面发展的需要，注重现实价值观念的培养，创新微文化环境下大学生价值观培育的新机制和新途径，切实提高大学生价值观培育的实效。当然，微文化的发展才刚刚开始，微文化的进一步发展对人们生活方式、交往方式和价值观念的影响可能远远超出我们今天的想象，有关微文化环境下大学生价值观培育的研究还有待于进一步深化。

结　　语

随着移动互联网、智能通信等高新技术的发展，微文化已经成为现代人们一种重要的生活方式和价值理念。微文化以其便捷性、即时性和个性化的独特优势，深刻改变着人们的生活方式、思考方式和交流方式。大学生是微文化的重要参与者和受众群体，微文化的兴起对大学生产生了重要影响。它不仅影响大学生的沟通交流方式，影响大学生价值观的形成和发展，更给大学生的社会主义核心价值观培育带来机遇和挑战。鉴于此，对于微文化环境下大学生价值观进行理性审视是非常必要的，并且意义重大。本研究基于这样的时代要求，进行了相关文献资料的搜集、鉴别、整理、归纳与分析，了解和掌握微文化影响大学生价值观的现状，总结成效，揭示规律，并提出相应的对策及建议。现将主要研究成果归纳如下。

第一，归纳了文化与价值观的辩证统一关系。文化与价值观是一对紧密联系、高度相关的范畴和概念。一方面，文化构成价值观生成的重要环境，价值观的形成及塑造离不开文化环境这一客体状态的影响和作用。另一方面，价值观是文化的核心，价值观的内容和品格会对文化环境建设产生重要作用，决定文化的基本性质和状态，特别是核心价值观对文化具有引领作用。

第二，总结出微文化三个维度的九种特征。微文化是立体的、全方位的。从技术维度考察，微文化具有简洁性、即时性和互动性的特征；从精神维度考察，微文化具有后现代性、去中心性、平等性的特征；从主体性维度考察，微文化具有个性化、大众化和圈群化的特征。

第三，揭示出微文化影响大学生价值观的过程、特点和规律。微文化因其独特的社会心理作用对大学生产生潜移默化的影响，塑造着大学生的价值观认知结构，改变着他们的行为方式。微文化影响大学生价值观的过程主要包括信息→注意→判断→选择→互动→认同→内化→新的价值观→行为等阶段。微文化影响大学生价值观的主要特点是渗透性、感染性、交互性。微文化影响大学生价值观的主要规律有需要驱动规律、交叉传播规

结 语

律和圈层互动规律。

第四,提出了微文化环境下大学生价值观培育的对策。微文化环境下大学生价值观培育的总体要求是要注意满足大学生自身的内在需要、凸显人的生存与发展的本源价值、注重提高大学生的现实价值观念。培育的基本原则包括主导性与多样性相结合的原则、自律性与他律性相结合的原则、现实性与虚拟性相结合的原则、灌输性与主体性相结合的原则。培育的具体路径有微文化空间的话语权重构、微文化平台的价值观渗入、微文化沟通的机制完善、微文化环境的合力优化。

由于时间和能力有限,本书无论在理论研究和实证研究上都存在不足之处。实践无止境,研究亦无止境。笔者认为,今后大学生价值观建构的微文化机制还可以从以下几个方面继续思考和探索。

一是继续加强微文化环境下大学生价值观培育的理论研究,对微文化影响大学生价值观的机制、规律还可以进行进一步挖掘。二是继续加强微文化对不同大学生群体差异影响的实证研究,拓宽实证研究的广度和深度。三是可以尝试进行微文化环境下大学生社会主义核心价值观培育效果的评价指标体系探索研究,为进一步提高微文化环境下大学生社会主义核心价值观培育的实效性提供有力支撑。

参考文献

一、著作类

[1] 马克思恩格斯选集：1—4卷［M］. 北京：人民出版社，1995.

[2] 马克思恩格斯全集：第2卷［M］. 北京：人民出版社，1957.

[3] 马克思恩格斯全集：第37卷［M］. 北京：人民出版社，1971.

[4] 列宁全集：第55卷［M］. 北京：人民出版社，1990.

[5] 毛泽东选集：第1卷［M］. 北京：人民出版社，1991.

[6] 习近平. 习近平谈治国理政［M］. 北京：外文出版社，2014.

[7] 李德顺. 价值论［M］. 北京：中国人民大学出版社，1987.

[8] 张耀灿，郑永廷，吴潜涛，等. 现代思想政治教育学［M］. 北京：人民出版社，2006.

[9] 袁贵仁. 价值观的理论与实践：价值观若干问题的思考［M］. 北京：北京师范大学出版社，2006.

[10] 罗洪铁. 思想政治教育研究［M］. 成都：四川人民出版社，2002.

[11] 沈壮海. 思想政治教育的文化视野［M］. 北京：人民出版社，2005.

[12] 顾海良. 高校思想政治教育导论［M］. 武汉：武汉大学出版社，2006.

[13] 吴潜涛. 高校思想政治教育的理论与实践［M］. 北京：人民出版社，2012.

[14] 汪民安. "微时代"的文化与艺术［M］. 北京：中国社会科学出版社，2015.

[15] 陈志勇. 新媒体时代的大学生思想政治教育［M］. 北京：中国文史出版社，2014.

[16] 李辉. 现代思想政治教育环境研究［M］. 广州：广东人民出版社，2005.

[17] 罗坤瑾. 从虚拟幻象到现实图景：网络舆论与公共领域的构建 [M]. 北京：中国社会科学出版社，2012.

[18] 郑永廷. 思想政治教育方法论 [M]. 北京：高等教育出版社，2010.

[19] 钟沈军. 媒体的演进趋势与战略转型 [M]. 北京：人民出版社，2012.

[20] 高德胜. 道德教育的时代遭遇 [M]. 北京：教育科学出版社，2008.

[21] 陆小华. 新媒体观：信息化生存时代的思维方式 [M]. 北京：清华大学出版社，2008.

[22] 相德宝. 自媒体时代中国对外传播能力建设 [M]. 北京：人民日报出版社，2013.

[23] 石海兵. 青年价值观教育研究 [M]. 合肥：安徽人民出版社，2007.

[24] 晏辉. 现代性语境下的价值与价值观 [M]. 北京：北京师范大学出版社，2009.

[25] 黄希庭，张进辅，李红，等. 当代中国青年价值观与教育 [M]. 成都：四川教育出版社，1994.

[26] 岑国桢. 青少年主流价值观：心理学的探索 [M]. 上海：上海教育出版社，2007.

[27] 林岳新. 多元文化背景下青少年价值观培养研究 [M]. 北京：中国社会科学出版社，2011.

[28] 马桂新. 环境教育学 [M]. 北京：生活·读书·新知三联书店，2003.

[29] 张再兴. 网络思想政治教育研究 [M]. 北京：经济科学出版社，2009.

[30] 宋元林. 网络文化与大学生思想政治教育 [M]. 长沙：湖南人民出版社，2006.

[31] 朱银瑞. 网络道德教育 [M]. 北京：社会科学文献出版社，2007.

[32] 万光侠. 思想政治教育的人学基础 [M]. 北京：人民出版社，2006.

[33] 刘海龙. 大众传播理论：范式与流派 [M]. 北京：中国人民大学出版社，2008.

[34] 张福记，李纪岩. 高校思想政治教育研究 [M]. 成都：四川教育出版社，2009.

[35] 徐志远. 现代思想政治教育学范畴研究 [M]. 北京：人民出版社，2009.

[36] 余双好. 当代社会思潮对高校师生的影响及对策研究 [M]. 北京：

中央编译出版社, 2012.

[37] 田海舰. 培育和践行社会主义核心价值观多维研究 [M]. 北京: 人民出版社, 2015.

[38] 孙杰. 当代中国社会主义核心价值观研究 [M]. 北京: 人民出版社, 2016.

[39] 郭维平. 社会主义核心价值观生成与认同研究 [M]. 北京: 学习出版社, 2016.

[40] 王小明. 社会转型期高校德育工作创新研究 [M]. 上海: 华东师范大学出版社, 2004.

[41] 殷海光. 中国文化的展望 [M]. 北京: 中国和平出版社, 1988.

[42] 余谋昌. 生态文化的理论阐释 [M]. 哈尔滨: 东北林业大学出版社, 1996.

[43] 陈章龙, 周莉. 价值观研究 [M]. 南京: 南京师范大学出版社, 2004.

[44] 廖小平. 价值观变迁与核心价值体系的解构和建构 [M]. 北京: 中国社会科学出版社, 2013.

[45] 江畅. 论价值观与价值文化 [M]. 北京: 科学出版社, 2014.

[46] 林庭芳. 高校思想政治理论课教育教学现代化研究 [M]. 北京: 人民教育出版社, 2006.

[47] 张文俊. 当代传媒新技术 [M]. 上海: 复旦大学出版社, 1998.

[48] 欧阳林. 思想政治教育传播学 [M]. 北京: 北京交通大学出版社, 2005.

[49] 陆小华. 新媒体观——信息化生存时代的思维方式 [M]. 北京: 清华大学出版社, 2008.

[50] 邱柏生. 高校思想政治教育的生态分析 [M]. 上海: 上海人民出版社, 2009.

[51] 李萍, 钟明华. 文化视野中的青年道德社会化 [M]. 广州: 中山大学出版社, 2003.

[52] 徐建军. 大学生网络思想政治教育理论与方法 [M]. 北京: 人民出版社, 2010.

[53] 朱海松. 网络的破碎化传播——传播的不确定性和复杂适应性 [M]. 北京: 中国市场出版社, 2010.

[54] 骆郁廷. 当代大学生思想政治教育 [M]. 北京: 中国人民大学出版

社，2010.

[55] 韦吉锋. 网络思想政治教育研究 [M]. 北京：新华出版社，2005.

[56] 张再兴. 网络思想政治教育研究 [M]. 北京：经济科学出版社，2010.

[57] 元林. 思想政治教育体系中的网络传播研究 [M]. 北京：光明日报出版社，2011.

[58] 亨廷顿，哈里森. 文化的重要作用：价值观如何影响人类进步 [M]. 程克雄，译. 北京：新华出版社，2010.

[59] 麦克卢汉. 理解媒介——论人的延伸 [M]. 何道宽，译. 南京：译林出版社，2011.

[60] 马尔库塞. 单向度的人——发达工业社会意识形态研究 [M]. 张峰，吕世平，译. 重庆：重庆出版社，1988.

[61] 弗洛伊德. 弗洛伊德心理学 [M]. 杨韶刚，等译. 北京：九州出版社，2003.

[62] 尼葛洛庞蒂. 数字化生存 [M]. 胡泳，范海燕，译. 海口：海南出版社，1997.

[63] 麦奎尔，温德尔. 大众传播模式论 [M]. 祝建华，译. 上海：上海译文出版社，2008.

[64] 多米尼克. 大众传播动力学：数字时代的媒介 [M]. 蔡骐，译. 北京：中国人民大学出版社，2009.

[65] 施拉姆. 大众传播媒介与社会发展 [M]. 金燕宁，译. 北京：华夏出版社，1990.

[66] 贝尔. 资本主义文化矛盾 [M]. 赵一凡，蒲隆，任晓晋，译. 北京：生活·读书·新知三联书店，1989.

[67] 涂尔干. 道德教育 [M]. 陈光金，沈杰，朱谐汉，译. 上海：上海人民出版社，2006.

[68] 亨廷顿. 文明的冲突与世界秩序的重建 [M]. 周琪，等译，北京：新华出版社，2010.

二、论文类

[1] 袁贵仁. 价值观：从理论研究到教育实践 [J]. 哲学动态，2005（12）.

[2] 牟艳娟，林晋. "微时代"大学生思想政治教育的创新 [J]. 社会科学

家, 2012 (12).
- [3] 马俊峰, 李德顺. 当代中国人的文化觉醒——国内价值哲学研究三十年述评 [J]. 社会科学战线, 2009 (3).
- [4] 高国伟, 张光华. "微"传播语境下大学生马克思主义信仰教育探究 [J]. 学校党建与思想教育, 2012 (11).
- [5] 于安龙, 刘文佳. 微文化对大学生社会主义核心价值观教育的影响及对策 [J]. 中国青年研究, 2014 (11).
- [6] 王梦, 杨玉. 网络微时代新的阅读价值取向与监管对策 [J]. 河北大学学报: 哲学社会科学版, 2013 (2).
- [7] 韩秋明, 赵需要. 微博存在的问题及其规制策略研究——基于信息伦理学视角的分析 [J]. 情报资料工作, 2012 (1).
- [8] 盖琪. 微时代中国青年亚文化的视觉书写 [J]. 文化研究, 2013 (4).
- [9] 宋守信. 常态社会微文化背景下思想政治工作思考 [J]. 思想政治工作研究, 2010 (4).
- [10] 张奕华. 论网络境域下当代大学生人际交往的特点及其合理引导 [J]. 青年探索, 2012 (2).
- [11] 张东. 互联网微内容对我国社会转型的作用与影响研究 [J]. 理论探索, 2010 (1).
- [12] 钱宇平, 但海林, 王月明等. 多元文化背景下大学生价值观教育探究 [J]. 学校党建与思想教育, 2012 (17).
- [13] 高国伟, 张光华. "微"传播语境下大学生马克思主义信仰教育探究 [J]. 学校党建与思想教育, 2012 (3).
- [14] 王倩, 张立杰. "微时代"高校思想政治教育载体的发展与创新 [J]. 高等教育与研究, 2012 (2).
- [15] 石裕东, 邢起龙. 微文化内涵初探 [J]. 湖北工业大学学报, 2013 (3).
- [16] 张鸿声, 郭兴. 无"微"不至: 当代微文化解读 [J]. 艺术百家, 2014 (3).
- [17] 陈永斌. 微文化传播背景下大学生媒介素养教育的挑战与对策 [J]. 思想教育研究, 2014 (6).
- [18] 李峰. 微文化: 全媒体时代的新宠儿 [J]. 新闻界, 2012 (2).
- [19] 蒋萌. 新媒体时代下微博的公共领域现状初探——以新浪微博为例 [J]. 教育文化论坛, 2012 (4).
- [20] 欧阳锐, 施源德. 探析微文化对高校思政教育的影响 [J]. 思想政治教育，2012（12）.

［21］贺纬. 微文化背景下的高校学生思想政治教育问题及途径探究［J］. 吉林工程技术师范学院学报，2014（12）.

［22］游敏惠，袁晓凤."微文化"传播对当代大学生价值观的影响及对策［J］. 青年探索，2013（4）.

［23］郑富兴. 关于校园微文化建设的三个问题［J］. 思想理论教育，2013（6）.

［24］杨向荣，薛诚. 当代大学生核心价值观研究［J］. 学校党建与思想教育，2014（6）.

［25］李修建. 青年亚文化与当代社会思潮［J］. 文艺理论与批评，2013（4）.

［26］胡纵宇. 微文化的价值基础与教育影响［J］. 社会科学家，2014（11）.

［27］宋守信. 常态社会微文化背景下思想政治工作思考［J］. 思想政治工作研究，2010（4）.

［28］阚道远. 微博兴起视野下的思想政治工作［J］. 思想政治工作研究，2010（4）.

［29］王雄，薛诚. 微文化对大学生社会主义核心价值观培育的影响及对策［J］. 中国成人教育，2015（4）.

［30］杨直凡，胡树祥. 网络思想政治教育的互动过程及其本质特征［J］. 思想教育研究，2010（3）.

［31］尹晓敏. 微博兴起背景下大学生思想政治教育的挑战与应对［J］. 思想教育研究，2011（2）.

［32］鲁晓薇. 微博时代的信任危机——从微众直接与围观说起［J］. 新兴传媒，2011（2）.

［33］周琪. 微时代下社会群体思想行为特点透视［J］. 思想政治工作研究，2010（4）.

［34］周先进，邬丽. 新媒体视域下的高校思想文化建设问题研究［J］. 思想政治教育研究，2011（2）.

［35］吴小英. 微时代视阈中高校网络德育困境及对策［J］. 学校党建与思想教育，2010（3）.

［36］杨威."微时代"中思想政治工作如何突破［J］. 思想政治工作研究，2010（4）.

［37］何国平. 微传播带来的机遇与挑战［J］. 思想政治工作研究，2010（4）.

［38］刘锐. 微博意见领袖初探［J］. 新闻记者，2011（3）.

[39] 高源. 自媒体语境下微博舆论监督的功能及其模式研究 [J]. 观察思考, 2010 (3).

[40] 占自华. 微博研究评述 [J]. 济南大学学报：社会科学版, 2011 (1).

[41] 孙宜山. 微博在高校思想政治教育工作中的应用研究 [J]. 山东省青年管理干部学院学报, 2010 (6).

[42] 周德全, 李朝鲜. 大学生网络思想政治教育模式特点研究 [J]. 思想教育研究, 2008 (9).

[43] 李冰. 高校开始进入微博时代——以河南大学新浪网官方微博为例 [J]. 新闻世界, 2010 (2).

[44] 杜坤林. "微时代" 高校网络舆情生成与干预机制研究 [J]. 学校党建与思想教育. 2011 (6).

[45] 曹丹, 杨清. 大学生与手机互联网：福州市大学生手机上网行为与素养调查报告 [J]. 东南传播, 2009 (1).

[46] 刘春雁. 大学生微博使用状况的调查与思考 [J]. 思想理论教育, 2011 (2).

[47] 周源源, 费国强. 微博视野下大学生思想政治教育对策研究 [J]. 思想理论教育, 2010 (5).

[48] 李瑞芬, 王雪雯. 当代大学生媒介素养调查分析 [J]. 青年记者, 2009 (10).

[49] 郭嫄. 论 "微时代" 背景下高校思想政治教育工作之创新 [J]. 南方论刊, 2012 (7).

[50] 卢尚月. 微文化背景下大学生核心价值观培育探究 [J]. 四川理工学院学报：社会科学版, 2015 (4).

[51] 杨威. "微时代" 中思想政治工作如何突破 [J]. 思想政治工作研究, 2010 (4).

[52] 陶东风. 理解微时代的微文化 [J]. 中国图书评论, 2014 (3).

[53] 童登峰, 韩弥明. "微文化"：自由与规范 [J]. 合肥工业大学学报：社会科学版, 2014 (1).

[54] 刘家俊, 赵松强. 社会主义核心价值观培育青年的 "三个维度" [J]. 中国青年研究, 2016 (7).

[55] 赵志业, 崔华华. 教育文化环境的构成、运行及其优化 [J]. 内蒙古社会科学（汉文版）, 2015 (2).

[56] 周琪, 罗川. "微时代" 下大学生价值观教育面临的挑战及应对 [J].

思想教育研究，2014（1）．

[57] 葛超．微博视野下大学生思想政治教育的调查与应对［J］．思想教育研究，2012（6）．

[58] 雷青松．微文化语境下大学生社会主义核心价值观的培育［J］．中共山西省委党校学报，2016（5）．

[59] 冯刚．着力培育大学生社会主义核心价值观［J］．高校理论战线，2014（9）．

[60] 赵志业，崔华华．新时期文化转型中思想政治教育文化理念创新［J］．学术论坛，2015（2）．

[61] 赵冰波．社会主义核心价值观的传统价值思考［J］．学习论坛，2016（6）．

[62] 陈静．论社会主义核心价值观及其培育［J］．中共中央党校学报，2013（2）．

[63] 田海舰，田雨晴．中国传统文化价值观与社会主义核心价值观的培育［J］．河北大学学报：哲学社会科学版，2015（2）．

[64] 朱颖原．研究社会主义核心价值观的三重维度［J］．当代世界与社会主义，2013（3）．

[65] 李艳艳．如何看待当前网络意识形态安全的形势［J］．红旗文稿，2015（14）．

[66] 王泽应．社会主义核心价值观之本质规定性及路径选择［J］．湖南师范大学社会科学学报，2013（5）．

[67] 朱建昌．对社会主义核心价值观的探析［J］．当代世界与社会主义，2012（3）．

[68] 黄娟．社会主义核心价值观的生态维度——生态文明新时代的核心价值观［J］．思想教育研究，2015（2）．

[69] 林海．历史、现实与特色：构建社会主义核心价值观的三个基本维度［J］．思想教育研究，2013（3）．

[70] 沈壮海．深化对"三个倡导"的研究［J］．四川统一战线，2013（7）．

[71] 陈文钦．以学习贯彻党的十八大精神为契机 努力培育社会主义核心价值观［J］．思想教育研究，2013（1）．

[72] 邓海英．论"三个倡导"与积极培育和践行社会主义核心价值观［J］．南京政治学院学报，2013（1）．

[73] 张平．社会主义核心价值观研究需要深入探讨的几个问题［J］．社

主义研究，2014（4）.

［74］王永贵．社会主义核心价值观培育的目标指向和实现路径［J］．思想理论教育，2013（3）.

［75］田海舰．社会主义核心价值体系培育的两个向度［J］．道德与文明，2010（6）.

［76］韩震．中西方核心价值观有何不同［J］．求是，2014（2）.

［77］陈剑．对社会主义核心价值观的思考——兼论培育和践行社会主义核心价值观的对策［J］．探索，2013（2）.

［78］方章东，侯惠勤．文化整合与社会主义核心价值观［J］．安徽大学学报：哲学社会科学版，2013（3）.

［79］欧阳军喜，崔春雪．中国传统文化与社会主义核心价值观的培育［J］．山东社会科学，2013（3）.

［80］杨威．人为什么需要接受思想政治教育？——兼论思想政治教育的个体根源［J］．思想教育研究，2015（4）.

［81］虢美妮．社会主义核心价值观引领网络文化发展研究［J］．新疆师范大学学报：哲学社会科学版，2013（5）.

［82］孙建华．以社会主义核心价值观引领高校大学生思想政治工作［J］．学校党建与思想教育，2012（16）.

［83］李红莲．当代大学生社会主义核心价值观的构建策略［J］．东北师大学报：哲学社会科学版，2014（4）.

［84］罗成翼．论社会主义核心价值体系融入大学生思想政治教育［J］．湖南社会科学，2013（4）.

［85］贾咏梅．把社会主义核心价值体系贯穿到高校思想政治教育全过程［J］．思想教育研究，2013（7）.

［86］冯霞．加强社会主义核心价值体系认同感的思考——以大学生群体为研究对象［J］．贵州社会科学，2012（8）.

［87］陆树程，李瑾．论当代大学生社会主义核心价值体系心理认同机制［J］．思想理论教育导刊，2014（1）.

［88］陆树程，杨倩．论培育和践行社会主义核心价值观的内在机制［J］．毛泽东邓小平理论研究，2014（8）.

［89］吴东华，常荆莎．论社会核心价值与社会道德建设的内在联系［J］．毛泽东思想研究，2011（6）.

［90］韩丽颖，杨晓慧．当代大学生核心价值观的凝练［J］．思想教育研

究，2012（11）．

[91] 韩震．"民主、公正、和谐"体现了社会主义的核心价值追求——兼论社会主义核心价值观的凝练及其原则［J］．红旗文稿，2012（6）．

[92] 陈伟．社会主义核心价值观与大学思想政治教育［J］．思想理论教育导刊，2011（1）．

[93] 欧清华．社会主义核心价值观是思想政治教育的逻辑基础［J］．科学社会主义，2013（5）．

[94] 张建荣．社会主义核心价值体系与高校思想政治教育工作［J］．贵州社会科学，2013（6）．

[95] 黄蓉生．社会主义核心价值观的文化视域思考［J］．中国高校社会科学，2015（1）．

[96] 戴木才．积极培育和践行社会主义核心价值观［J］．思想政治工作研究，2014（2）．

[97] 刘建军．试析思想政治教育过程中的重复施教［J］．思想理论教育导刊，2014（8）．

[98] 白显良．思想政治教育学科建设应坚持马克思主义的原则要求［J］．思想理论教育导刊，2014（12）．

[99] 蒲清平，张伟莉，赵楠．微文化：特征、风险与价值引领［J］．中国青年研究，2016（1）．

[100] 唐平秋，李勇图．微文化背景下大学生网络政治参与的现实审视与思考［J］．教学与研究，2015（5）．

[101] 李恺，陶辛．新媒体环境下大学生社会主义核心价值观培育研究——基于微信载体的实证调查［J］．广西社会科学，2016（3）．

[102] 华学成．微文化：高校校园文化活动思想引领的新维度［J］．黑龙江高教研究，2015（7）．

[103] 胡纵宇．微文化的价值基础与教育影响［J］．社会科学家，2014（11）．

[104] 宋守信．常态社会微文化背景下思想政治工作思考［J］．思想政治工作研究，2010（4）．

[105] 张春美，陈继锋．微文化生态下的社会主义核心价值观培育［J］．安徽师范大学学报（人文社会科学版），2014（1）．

[106] 石文亭．网络异化与大学生国家认同教育［J］．当代青年研究，2014（6）．

[107] 徐彬，王璇．"微文化"传播中的社会冲突现象及其治理［J］．学习

论坛, 2014 (4).

[108] 张向军. "微文化"环境下公民政治参与挑战及应对 [J]. 人民论坛, 2015 (12).

[109] 陈永斌. 微文化传播背景下大学生媒介素养教育的挑战与对策 [J]. 思想教育研究, 2014 (6).

[110] 郑富兴. 关于校园微文化建设的三个问题 [J]. 思想理论教育, 2013 (3).

[111] 唐平秋. 微文化背景下大学生社会主义核心价值观认同危机及治理路径 [J]. 探索, 2015 (1).

[112] 郭超. "微时代"青年核心价值观培育的"危"与"机"[J]. 理论与改革, 2015 (3).

[113] 徐金超. 微媒体背景下大学生社会主义核心价值观教育探析 [J]. 学校党建与思想教育, 2015 (12).

[114] 王典. 基于新媒体视域下的大学生价值观培育思考 [J]. 思想理论教育导刊, 2015 (3).

[115] 王金磊. 借力新媒体加强大学生社会主义核心价值观培育的几点思考 [J]. 思想教育研究, 2014 (11).

[116] 叶燊. 微媒体视角下高校思想政治教育新常态与模式重塑 [J]. 思想理论教育导刊, 2015 (8).

[117] 马建欣. 借力新媒体创新大学生核心价值观教育方式 [J]. 电化教育研究, 2015 (9).

[118] 李翔. 自媒体场域下高校思想政治教育话语创新研究 [J]. 高教探索, 2015 (11).

[119] 曹旭. 自媒体如何践行社会主义核心价值观 [J]. 新闻战线, 2016 (3).

[120] 刘洪民. 自媒体时代大学生社会主义核心价值观培养之我见 [J]. 学校党建与思想教育, 2016 (2).

[121] 魏晓波. 自媒体时代高校学生社会主义核心价值观认同对策探析 [J]. 山东社会科学, 2015 (12).

[122] 李璇. 新媒体中青年亚文化对大学生价值观的影响 [J]. 思想理论教育, 2013 (7).

[123] 吴潜涛. 协调发展理念与社会主义核心价值观 [J]. 中国高等教育, 2016 (6).

[124] 吴东华, 张洁. 论社会主义平等价值观的本质特征及践行原则 [J].

马克思主义研究，2016（1）.

三、报纸和网络文献类

[1] 习近平. 在北京大学师生座谈会上的讲话［N］. 人民日报，2018 - 05 - 03.

[2] 习近平. 青年要自觉践行社会主义核心价值观——在北京大学师生座谈会上的讲话［N］. 人民日报，2014 - 05 - 05.

[3] 习近平. 在全国高校思想政治工作会议上的讲话［N］. 人民日报，2016 - 12 - 09.

[4] 陈宝生. 切实推动高校思想政治工作创新发展——深入学习贯彻习近平总书记教育工作重要讲话［N］. 光明日报，2017 - 08 - 04.

[5] 中共中央国务院印发《关于加强和改进新形势下高校思想政治工作的意见》［N］. 人民日报，2017 - 02 - 28.

[6] 倪光辉. 充分发挥宣传舆论的积极作用 扎实推进社会主义核心价值观建设［N］. 人民日报，2014 - 06 - 30.

[7] 刘奇葆. 在全社会大力培育和践行社会主义核心价值观［N］. 人民日报，2014 - 03 - 05.

[8] 冯刚. 提高国家文化软实力要努力传播社会主义核心价值观［N］. 光明日报，2014 - 07 - 23.

[9] 李斌. "微"而可道，改变生活［N］. 人民日报，2014 - 01 - 25.

[10] 习近平在中共中央政治局第十三次集体学习时强调：把培育和弘扬社会主义核心价值观作为凝魂聚气强基固本的基础工程［N］. 人民日报，2014 - 02 - 25.

[11] 耿雪，张杰. "微文化"需要工具与人文理性相携［N］. 中国社会科学报，2014 - 08 - 08.

[12] 姜海滨. 微文化的教育价值［N］. 中国教育报，2014 - 03 - 14.

[13] 张文东. 微时代、微文化与微批评［N］. 光明日报，2015 - 12 - 20.

[14] 张春海. 消除"微文化"负面效应［N］. 中国社会科学报，2014 - 05 - 09.

[15] 周宪. 微文化是"美好的"也是"令人不安的"［N］. 新华日报，2015 - 12 - 04.

[16] 中国互联网络信息中心. 第 42 次中国互联网络发展状况统计报告［EB/OL］.［2018-08-20］. http://cnnic.cn/hlwfzyj/hlwxzbg/hlwtjbg/.

[17] 陈宝生. 今年要打一场提高思政课质量和水平的攻坚战［EB/OL］.［2017-03-12］. http://news.xinhuanet.com/politics/2017lh/2017-03/12/c_129507901.htm.

四、学位论文类

[1] 许慧霞. 自媒体时代下研究生德育困境研究［D］. 武汉：华中师范大学，2014.

[2] 季海群. 网络语言视域中当代中国大学生价值观研究［D］. 南京：航空航天大学，2014.

[3] 黄永宜. 网络思想政治教育理论研究［D］. 重庆：西南大学，2011.

[4] 李纪岩. 当代大学生社会主义核心价值观培育研究［D］. 济南：山东师范大学，2010.

[5] 吴俣. 微文化视域下研究生社会主义核心价值观培育研究［D］. 武汉：中国地质大学，2017.

[6] 吕冬诗. 网络文化背景下大学生价值观教育研究［D］. 哈尔滨：哈尔滨工程大学，2005.

[7] 廖丹. 网络文化对大学生价值观的影响及对策研究［D］. 重庆：重庆师范大学，2016.

附件

附件一:"微文化对大学生价值观的影响"调查问卷

亲爱的同学:

你好!

为了更好地了解微文化对大学生价值观念和行为的实际影响,提高新形势下大学生价值观教育的实效性,我们组织了本次调查活动。非常感谢你抽出宝贵时间来回答这份问卷。答案没有对错之分,只需按你的同意程度填写相应的选项即可。

本次调研的结果仅用于研究,对于你提供的所有信息我们会严格保密,敬请放心!谢谢你的合作!

1. 性别　　A. 男　　　　B. 女
2. 年级　　A. 大一　　　B. 大二　　　C. 大三　　　D. 大四
3. 专业　　A. 文科　　　B. 理工科　　C. 艺术　　　D. 其他
4. 你对"微文化"这一概念的了解情况?【单选题】
　　A. 没听说　　　　　　B. 听说过,但不懂
　　C. 懂一点　　　　　　D. 非常了解
5. 你认为微文化有哪些表现形式?【多选题】
　　A. 微博　　B. 微信　　C. 微电影　　D. 微小说
　　E. 微公益　F. 微课　　G. 其他
6. 当前,你主要通过哪些方式获取政治信息?【多选题】
　　A. 微信　　B. 微博　　C. 网站
　　D. 网络论坛　　　　　E. 其他
7. 你加入过学校的哪些政治组织?【多选题】
　　A. 团委　　B. 学生会　　C. 团支部
　　D. 党支部　　　　　　E. 其他
8. 你申请成为入党积极分子或者想加入中国共产党的原因是?【单选题】
　　A. 有利于毕业找工作以及以后有更多的晋升机会
　　B. 入党可以为自己增长面子,与别人不一样

C. 看到周围同学都申请，就随大流申请

D. 为实现共产主义，全心全意为人民服务

9. 你经常在哪类平台中展示自己的形象和生活？【单选题】

　　A. 微信公众号　　　　　B. QQ 空间

　　C. 微博主页　　　　　　D. 博客主页

10. 你是否愿意在微博上转发"随手拍照，解救拐卖儿童"的类似事件？【单选题】

　　A. 愿意　　　　　　　　B. 不愿意

11. 在路上遇到老人摔倒，你会去扶吗？【单选题】

　　A. 立刻去扶　　　　　　　　　　B. 不扶，袖手旁观

　　C. 先拍照留下证据，再扶老人　　D. 不知道怎么做

12. 你是否在微博上参与过对他人进行的"人肉搜索""道德审判"等行为？【单选题】

　　A. 没有参与　　　　　　B. 参与过

13. 当前，你与朋友联络的最主要方式是_____。【单选题】

　　A. 微博　B. 微信　　C. QQ　　　D. 面对面交流

14. 你运用微博、微信等平台交往最频繁的对象是_____。【单选题】

　　A. 父母和亲人　　　　　B. 同学

　　C. 朋友　　　　　　　　D. 陌生人

15. 你每天登录微信的次数是_____。【单选题】

　　A. 1～5 次　　　　　　　B. 6～10 次

　　C. 11～30 次　　　　　　D. 30 次以上

16. 你在微信朋友圈展示的内容主要是_____。【单选题】

　　A. 自拍等反映生活状态的照片　　B. 转发的新闻或文章

　　C. 心情或感悟的纯文字　　　　　D. 其他

17. 你关注较多的微信公众号是_____。【多选题】

　　A. 政府、学校、学院等官方公众号

　　B. 学生会、团委、其他学生社团公众号

　　C. 名人公众号　　D. 商家公众号　　　E. 其他

18. 你使用微信的原因是_____。【多选题】

　　A. 方便联系　　　　　B. 使用流量比电话和短信便宜

　　C. 大家都在用　　　　D. 获得更多的信息和资讯

19. 你当前获取知识的主要方式是_____。【单选题】

    A. 手机搜索　　　　　　B. 老师课堂讲授

    C. 长辈讲解　　　　　　D. 自己看书

20. 你对微电影的评价是_____。【单选题】

    A. 观看很方便　　　　　B. 内容短小精悍，很吸引人

    C. 很有教育意义　　　　D. 商业味太浓

21. 你对微公益的评价是_____。【单选题】

    A. 聚少成多，聚沙成塔

    B. 杯水车薪，没什么意义

    C. 全民参与并创造价值，真正实现了公益的平民化、常态化

    D. 哗众取宠

22. 你对微课的评价是_____。【单选题】

    A. 形式新颖，内容精炼　　B. 个性化学习的一种方式

    C. 碎片化的教学，不成体系　D. 其他

23. 你对微文化的看法是_____。【单选题】

    A. 代表未来的发展方向，积极参与

    B. 发展不会长久，不关注

    C. 不仅改变了人们的生活、工作，还改变了人们的思想

    D. 其他

24. 你认为哪些因素推动了微文化的产生和发展？【多选题】

    A. 移动互联网技术的进步　　B. 个人自主意识的增强

    C. 国家政治经济的发展　　　D. 现代社会竞争压力大

25. 你对微文化环境的总体评价是_____。【单选题】

    A. 总体健康　　　　　　B. 一般

    C. 不健康　　　　　　　D. 不知道

附件二:"微文化对大学生价值观影响研究"访谈提纲

1. 你是否开通了微博?你的微博好友都是什么人?你在微博上最关注什么话题?你对微博上发布的信息是否信任?

2. 你是否开通了微信?你的微信好友都是什么人?你是否喜欢在朋友圈发信息?内容主要是哪些?

3. 你加入了几个微信群?都是什么群?你所在的群活跃吗?一般都讨论什么?

4. 你在微信群里经常发言吗?通过微信群,你是否对这个群体更加有归属感和身份感?你对微信人际交往的信任度如何?

5. 你现在与朋友、同学沟通联系的主要途径是什么?微博、微信在其中起了什么作用?

6. 你们学校开通了官方微博、微信吗?你关注了吗?你信任上面发布的信息吗?

7. 你知道2016年年底发生的"罗一笑微公益捐助事件"吗?你怎么评价?

8. 你关注最近的"美国制裁中兴事件"吗?你最先是从哪里知道这件事的呢?你怎么看待美国商务部宣布的"对中兴实施为期七年技术禁售令,禁止美国公司向中兴直接以及间接出售零部件、商品、软件和技术"这件事?

9. 你有关注过什么政务微博吗?你有通过微博进行过政治参与吗?

10. 你参加过学生会或者团委等组织吗?你在学生会期间有行使过投票权吗?

11. 你怎么看待网上流传的对黄继光、邱少云等英雄事迹进行歪曲的事件?

12. 你是入党积极分子或者想成为中共党员吗?你入党的动机是什么?

13. 你怎样评价2018年4月发生的"长江学者沈阳性侵事件"?

14. 2018年4月19日在陕西宝鸡发生的"孕妇餐厅内伸脚绊倒4岁男童事件",你知道吗?你怎么评价这个孕妇的行为?

15. 你曾经用微博、微信等微媒体做过帮助他人的事情吗？
16. 你看过微电影、微视频吗？印象最深的是什么？
17. 你参加过微公益吗？你如何评价微公益？
18. 有人说："在'微时代'，我被困在了无所不在的网中。"你怎么看待这句话？
19. 有人把我们这个时代称为"微时代"，产生的文化叫作"微文化"，你的看法是怎样的？

附件三：访谈记录卡

本书根据事先准备好的访谈提纲，共对 20 名大学生进行了深度访谈。交谈中不设定人为的价值标准，以朋友的方式进行交流，交流的结果以访谈录音、文字记录等形式保存为情境性的文本，共形成 20 个访谈记录卡。

编号：1 号	访谈时间：2017 年 10 月 10 日下午
访谈地点：广东工业大学学生食堂	记录人：周同学
被访者基本信息：张同学，女，大一，法学专业	
访谈基本情况小结： 　　该同学常用微博、微信社交，喜欢在微信朋友圈分享信息，但不喜欢手机购物。基于法学专业的批判精神，对当前的"微公益"形式不信任，存在质疑。	

编号：2 号	访谈时间：2017 年 10 月 15 日上午
访谈地点：广州大学学生食堂	记录人：程同学
被访者基本信息：王同学，男，大一，社会工作专业	
访谈基本情况小结： 　　该同学喜欢在微信朋友圈分享信息，对手机迷恋，觉得一分钟都离不开手机，每天登录微信 30 次以上。有选择地相信"微公益"，主要是认识的人，觉得能帮就帮，好人自有福报。	

编号：3 号	访谈时间：2017 年 11 月 18 日晚上
访谈地点：广东工业大学学生宿舍	记录人：朱同学
被访者基本信息：刘同学，男，大三，思想政治教育专业	
访谈基本情况小结： 　　该同学喜欢在微信上阅读文章，愿意分享一些时事政治类的好文章，也喜欢参加文章互动，发表留言，表达自己的观点等。经常用手机购物，微信支付。	

编号：4 号		访谈时间：2017 年 11 月 23 日晚上
访谈地点：广东工业大学学生宿舍		记录人：周同学
被访者基本信息：陈同学，女，大二，物流管理专业		

访谈基本情况小结：

  对该同学就网络上热门的"罗一笑微公益捐助事件"进行了专题访谈。该同学表示，最先她在微信上看到深圳市白血病女孩罗一笑的父亲写的文章《罗一笑，你给我站住》，曾经感动落泪，在微信平台上打赏了 100 元，并且还帮忙转发这篇文章。但是后来看到网上陆续曝光说罗一笑的父亲罗尔"在深圳有三套房，有豪车，开公司等"，她感到非常愤怒，感觉爱心被愚弄。该同学认为，目前微公益这一块急需规范管理，否则会耗尽人们的公益爱心。

编号：5 号		访谈时间：2017 年 11 月 23 日晚上
访谈地点：广东工业大学学生宿舍		记录人：程同学
被访者基本信息：管同学，女，大三，艺术设计专业		

访谈基本情况小结：

  对该同学就网络上热门的"罗一笑微公益捐助事件"进行了专题访谈。该同学表示，她最先也被罗一笑的事情感动。但是后来网上曝光后，又觉得受到了愚弄。她觉得，在微信平台上开展的微公益活动，应该公布自己及有赡养义务的子女的财产收入情况，还应该公布正规医院的病历及相关证明，并提供核实渠道，还应该有第三方专业人士评估推荐最佳的治疗方案，并估算治疗费用。对没有给出这些要件的求助者，她表示以后都不会再捐助了。

编号：6 号		访谈时间：2017 年 12 月 6 日上午
访谈地点：中山大学校园长椅		记录人：黄同学
被访者基本信息：陈同学，女，大四，经济贸易专业		

访谈基本情况小结：

  该同学是个"网络达人"，微博粉丝有 1 000 多个，极喜欢在微信朋友圈晒自拍照，很少转发政治类文章。网上购物是常态，平时没课的时候就宅在宿舍上网，不喜欢去学校食堂吃饭，觉得不好吃，通过手机 App 点外卖更多一些。

附 件

编号：7 号	访谈时间：2017 年 12 月 6 日上午
访谈地点：中山大学校园长椅	记录人：黄同学
被访者基本信息：张同学，男，大二，机械设计专业	

访谈基本情况小结：

  该同学是个理工男，平时课程、作业很多。微博、微信也有，但用得不多。微信主要是看一些转发的文章，了解一些热点大事，关注了学校学生处、学院学生会的微信公众号。自己班级也有微信群，但发言不多，主要是班长、学习委员发活动通知和作业通知。

编号：8 号	访谈时间：2017 年 12 月 6 日上午
访谈地点：中山大学校园长椅	记录人：黄同学
被访者基本信息：刘同学，女，大二，网络工程专业	

访谈基本情况小结：

  该同学在高中的时候就能熟练应用 PPT，还会制作简单的视频。进入大学后，加入了学院学生会的宣传部，负责学院微信公众号的运营。曾自制微视频《我们的青春》参加学院微视频比赛，获得二等奖。也喜欢在网上看微小说。

编号：9 号	访谈时间：2017 年 12 月 6 日下午
访谈地点：中山大学食堂	记录人：黄同学
被访者基本信息：严同学，女，大二，网络工程专业	

访谈基本情况小结：

  该同学是个典型的"宅女"，不喜欢逛街，喜欢宅在宿舍里上网，打游戏，看电影。每天登录微信 30 次以上，一个小时不看手机就像丢了魂一样。性格稍微有点内向，不太爱和陌生人说话，在微信朋友圈里主要和熟悉的同学和朋友聊天。

编号：10 号	访谈时间：2017 年 12 月 6 日下午
访谈地点：中山大学食堂	记录人：黄同学
被访者基本信息：廖同学，女，大一，思想政治教育专业	

访谈基本情况小结：

  该同学有每天都登录微博、微信浏览新闻和了解好友动态的习惯，认同微文化存在的价值，但自己觉得在微信上花费的时间太多，有点影响学习。但是又控制不住自己，不去看又担心错过一些新闻和通知。形容自己是典型的"微博控""微信控"。

编号：11 号	访谈时间：2018 年 3 月 1 日上午
访谈地点：广东工业大学学生食堂	记录人：周同学
被访者基本信息：黄同学，女，大四，城市规划专业	
访谈基本情况小结： 　　该同学是个"拍照达人"，因家庭条件较好，在高中就拥有专业的拍照设备，考上大学后，父母奖励了一台新的尼康单反相机。经常在微信朋友圈展示自己的拍照成果。自认为每次发的朋友圈都是精品，风景画可以当桌面壁纸，每次看到自己发的照片能得到同学、朋友的点赞，会觉得骄傲和自豪。	

编号：12 号	访谈时间：2018 年 3 月 1 日上午
访谈地点：广东工业大学学生食堂	记录人：周同学
被访者基本信息：刘同学，男，大一，统计专业	
访谈基本情况小结： 　　该同学热心公益活动，做过献血志愿者。希望有机会能做支教志愿者，把自己的知识教给贫困地区的孩子们。认同知识改变命运。对"微公益"持肯定态度，觉得是在"微时代"一种新的公益形式，可以帮到更多的人。	

编号：13 号	访谈时间：2018 年 3 月 1 日下午
访谈地点：广东工业大学学生食堂	记录人：周同学
被访者基本信息：黄同学，男，大一，城市管理专业	
访谈基本情况小结： 　　该同学所在的学院是广州地铁的实践基地。经过选拔，该学生在大一寒假期间担任过 10 天的地铁志愿者，觉得能够帮助别人是一件很幸福的事。他把担任地铁志愿者期间的一些活动和感想发在微信朋友圈，得到很多朋友的点赞和鼓励，觉得很感动，浑身充满了力量。	

编号：14 号	访谈时间：2018 年 4 月 25 日下午
访谈地点：汕头大学学生宿舍	记录人：林同学
被访者基本信息：邹同学，女，大二，商务英语专业	
访谈基本情况小结： 　　对该同学就春节期间在微信朋友圈刷屏的微视频《三分钟》（陈可辛导演作品）进行了专题访谈。该同学表示看过这段微视频，并且很感动。认可微视频的拍摄手法，在短短 3 分钟时间把一个故事表演完整，需要很高的水平。如果有机会，希望自己也能学习如何制作微视频。	

附 件

编号：15 号	访谈时间：2018 年 4 月 25 日下午
访谈地点：汕头大学学生宿舍	记录人：林同学
被访者基本信息：周同学，男，大三，信息工程专业	
访谈基本情况小结： 　　对该同学就 2018 年 4 月开始的"美国制裁中兴事件"进行了专题访谈。该学生基于自己的信息工程专业特点，对美国的这一行为表示强烈抗议。同时也深深感受到，必须掌握自己的"核心科技"，才能不受制于人，才能实现中华民族的真正复兴。	

编号：16 号	访谈时间：2018 年 5 月 5 日下午
访谈地点：广东技术师范学院食堂	记录人：朱同学
被访者基本信息：严同学，男，大四，中文专业	
访谈基本情况小结： 　　该同学性格开朗，愿意接受新事物，对微文化的未来发展抱有比较乐观的态度。喜欢在亚马逊上阅读电子书，觉得又便宜又方便。但是内心还是觉得纸质书有不可替代的作用。认为微时代下碎片化阅读有合理存在的价值，但也应该注意阅读的深度和广度。	

编号：17 号	访谈时间：2018 年 5 月 5 日下午
访谈地点：广东技术师范学院食堂	记录人：朱同学
被访者基本信息：陈同学，男，大二，法学专业	
访谈基本情况小结： 　　对该同学就 2018 年 4 月发生的"长江学者沈阳性侵事件"进行了专题访谈。该同学对长江学者沈阳利用教学、职务等的方便性侵多名女大学生的行为感到不齿，认为其败坏了大学教师的良好形象。他目前对大学教师这支队伍的整体素质还是持肯定态度，但对少数师德败坏的教师应该严肃处理。	

编号：18 号	访谈时间：2018 年 5 月 5 日下午
访谈地点：广东技术师范学院食堂	记录人：朱同学
被访者基本信息：谢同学，男，大三，管理学专业	
访谈基本情况小结： 　　该同学有微博、微信账号，但是用得不多，主要用于接收学院、班级的一些通知，用微信聊天较少。认为微博、微信的使用虽然促进了人们之间的交往，但是从情感寄托来看，他更倾向于和朋友面对面地交流。	

编号：19 号	访谈时间：2018 年 5 月 20 日晚上
访谈地点：广东工业大学学生宿舍	记录人：周同学
被访者基本信息：魏同学，女，大四，土木工程专业	
访谈基本情况小结： 　　对该同学就网络上曝光的"严书记女儿事件"进行了专题访谈。该同学认为这一事件有点类似于几年前"我爸是李刚"的事情。她认为公务员的职位应该是为人民服务的，而不能成为个人获取私利的工具。这件事也再次彰显了微博、微信在网络反腐当中的重要作用。	

编号：20 号	访谈时间：2018 年 5 月 20 日晚上
访谈地点：广东工业大学学生宿舍	记录人：周同学
被访者基本信息：何同学，女，大四，通信工程专业	
访谈基本情况小结： 　　对该同学就"厦门大学田佳良（洁洁良）在微博上发表辱华言论"一事进行专题访谈。该同学认为"洁洁良"的言行不配她获得的一系列荣誉，其本质是一个精致的利己主义者！认为高校在发展大学生入党这件事上还应该从严考察，入党之后要加强监督。	

附件四：2018年4月广州某大学网络工程专业1班微信群活动情况记录表

记录人：张同学（学习委员）

记录时间：2018年4月1—30日

记录内容如下：

时间	主要议题	与群全体成员关联度	参与活跃程度	备注
4月1日	关于4月2日习题课周测	全体成员相关	比较活跃	习题课周测是我们班班委商议过后为整体提升班级绩点做出的决策，大家都很踊跃地讨论考点，互相讨论学习
4月2日	大学生幸福心理及影响因素	全体成员相关	比较活跃	问卷的部分题目存在一些问题，因为是跟我们每个人都相关，所以大家都在积极讨论，最后班长给我们解释了问卷的问题
4月3日	思修课被点的评委	部分相关	活跃	因为有几个同学的名字比较有意思，思修老师比较喜欢点名，大家就在猜测这次会是哪个"幸运儿"被点中
4月4日	广工电脑节微电影大赛	部分相关	不活跃	班长建议我们制作思修课和英语课的微电影参赛
4月5日	广工体育馆莫名打人男子	部分相关	比较活跃	当天傍晚在广工体育馆附近出现一名打人男子，班里比较健硕的男生开玩笑表示希望遇到他，"为民除害"，同学们纷纷表示，希望陈同学饶他一次

续上表

时间	主要议题	与群全体成员关联度	参与活跃程度	备注
4月6日	分享学习小程序	全体成员相关	非常活跃	大家积极地关注了小程序,并一起讨论了这个学习必备的小程序的各种功能,得到了很多同学的喜爱
4月7日	讨论明天上周几的课	部分相关	活跃	大家在相互问明天上周几的课,并且在探讨明天要上的内容
4月8日	关于社团文化月的内容	部分相关	不活跃	有同学分享了关于社团文化月的推文,只有部分同学回应并聊了一会儿社团那些事
4月9日	讨论关于心理问卷的内容	全体成员相关	活跃	收到心理问卷表的通知后,大家在踊跃地讨论心理健康的重要性,并且有同学分享了关于心理健康的一些常识,很多同学都纷纷回应学到了很多东西
4月10日	有同学分享无偿献血宣传图	全体成员相关	非常活跃	看到无偿献血宣传图的时候,大家都回应有时间就去无偿献血,也有很多同学谈起了无偿献血的好处,还有自己去无偿献血的经历
4月11日	讨论如何提高警惕防诈骗	部分相关	活跃	因为在4月10日前后有很多同学都收到了诈骗电话,所以辅导员发通知让我们注意安全。部分同学积极地参与,并了解情况
4月12日	讨论宿舍的卫生情况	全体成员相关	活跃	计算机学生会会定期检查宿舍的卫生,所以大家都非常积极地讨论、评比和参与
4月13日	无信息			
4月14日	讨论篮球比赛	部分相关	活跃	近期有班级篮球比赛,大家都很踊跃地去讨论

续上表

时间	主要议题	与群全体成员关联度	参与活跃程度	备注
4月15日	讨论学习问题	全体成员相关	非常活跃	因为高数、电工、大物是比较难学的，同学们在作业上会遇到很多问题，然后相互讨论，共同学习
4月16日	讨论进工作室的问题	部分相关	不活跃	进入工作室是我们计算机学院每位同学都想争取的，但由于只要几个人，所以很多人都没能进入，只有很少人在讨论着
4月17日	讨论班级集体活动	全体成员相关	非常活跃	为了营造班级的和谐气氛，每个学期我们班都要进行一次班级的出游活动，大家都很积极地出谋划策
4月18日	无信息			
4月19日	讨论《厉害了，我的国》	部分相关	不活跃	该影片可以在电脑和手机上观看，几个同学讨论起国家最近几年的成就
4月20日	讨论社团活动的参与	部分相关	不活跃	有同学是社团的干事，进行宣传，大家都会了解一下
4月21日	讨论劳动节放假	全体成员相关	非常活跃	大家对放假的日期进行热烈的讨论，每个人都想放假，关注着去哪里玩
4月22日	小游戏的讨论	部分相关	活跃	最近小游戏比较火，大家都在玩
4月23日	无信息			
4月24日	讨论个人安全问题	全体成员相关	活跃	因辅导员上班途中遇到一男子猥亵一个女生，同学们都在激烈讨论如何保护自己，不做伤害别人的事
4月25日	无信息			

续上表

时间	主要议题	与群全体成员关联度	参与活跃程度	备注
4月26日	讨论当天实验课的内容	部分相关	非常活跃	周四早上是我们的电工实验课，实验课过后同学们在群里讨论了各自在实验中的新奇发现以及实验心得
4月27日	群里推送公众号	部分相关	活跃	有同学在群里推送了他组织的公众号，顿时每位同学都纷纷效仿推送自己组织的公众号
4月28日	讨论当天补课的课程	部分相关	不活跃	因假期的原因，部分课程调动，同学们都在讨论当天的课程内容，也说了一下假期计划
4月29日	分享五一假期的活动	大部分相关	活跃	放假了大多数同学都有活动，晚上同学们就在群里分享了自己的所见所闻
4月30日	晒出朋友圈的旅游影集	部分相关	非常活跃	假期里，大家都出去旅游，游玩结束后还要发朋友圈，使朋友圈成了影集，同学们纷纷秀起了自己的朋友圈

附件五：微信朋友圈跟踪记录卡

微信朋友圈已经成为大学生展示自我的平台，他们喜欢把自己的所见所闻、所思所想在这个平台上展现出来。这些展示也表露出他们的一些价值观念。为此，笔者精心挑选了本人的不同年级、不同专业的10名大学生"微信好友"，对他们在2018年1—6月共计6个月发的微信朋友圈内容进行微信截屏，深度分析，试图从中管窥出他们的情感倾向和价值态度。共形成10个跟踪记录卡。

编号：1号	跟踪时间：2018年1—6月
被跟踪人：蔡同学，男，大三，法学专业	发朋友圈条数：43条

跟踪情况小结：
  该同学是个"宅男"，不喜欢外出，喜欢宅在宿舍上网、玩游戏。不爱运动，却喜欢关注篮球、足球比赛。有多条朋友圈是关于篮球比赛、足球世界杯比赛的。性格有些偏激，喜欢在朋友圈发一些对现实不满的感悟。还喜欢用"蓝瘦，香菇"等网络流行语表达自己的心情。发的微信朋友圈内容以自己的感悟和心情为主，少自拍，也较少转发热点文章。

编号：2号	跟踪时间：2018年1—6月
被跟踪人：乐同学，男，大四，中文专业	发朋友圈条数：562条

跟踪情况小结：
  该同学在微信上极其活跃，平均每天发朋友圈的条数达到5条以上，2018年1—6月发布的条数达到令人吃惊的562条！该同学非常关心时事政治，所发朋友圈的内容绝大部分都是转载热点事件的文章，极少自拍和自己相关的活动等。对热点事件如"严书记女儿事件""美国制裁中兴事件"等非常关注，不仅大量转载相关文章，还热衷于评论，发表自己的看法。

编号：3号	跟踪时间：2018年1—6月
被跟踪人：陈同学，女，大二，网络工程专业	发朋友圈条数：183条

跟踪情况小结：
　　该同学在微信上比较活跃，几乎每天都会发朋友圈，刷"存在感"。发布的内容几乎全部是自拍照、参加活动照、旅游风景照以及各种吐槽等。都是原创，极少转发别人的文章，对时事政治、社会热点不感兴趣。

编号：4号	跟踪时间：2018年1—6月
被跟踪人：张同学，女，大一，艺术设计专业	发朋友圈条数：135条

跟踪情况小结：
　　该同学所学专业是艺术设计，对自己发布的微信朋友圈内容有一定的品质要求，虽然也是以自拍照、旅游照为主，但是可以看得出其拍摄的照片有较高的艺术水准。她还喜欢在微信上发布一些代购鲜花、小饰品等信息，有一定的经济头脑。

编号：5号	跟踪时间：2018年1—6月
被跟踪人：郑同学，男，大一，建筑设计专业	发朋友圈条数：85条

跟踪情况小结：
　　该同学在朋友圈比较低调，发布的内容以转发各种文章为主。关于个人情况的照片和文字不多。该同学是河源人，因为是大一新生，刚刚离开家乡不久，在其发布的朋友圈中有多条宣传自己家乡和河源高中学校的内容，在2018年6月高考期间，发布多条为高考考生加油鼓劲的微信朋友圈。

编号：6号	跟踪时间：2018年1—6月
被跟踪人：黄同学，女，大四，管理学专业	发朋友圈条数：55条

跟踪情况小结：
　　该同学在朋友圈发布的内容以自拍照和吐槽为主。例如，她在2018年6月端午节坐大巴回惠州老家过节，路上堵车，6个小时才到家，在微信朋友圈就此事进行了吐槽；自己生日，室友为她庆祝生日的照片；生病了，室友照顾她，她表示感谢等。内容均与日常生活相关。

附 件

编号：7号	跟踪时间：2018年1—6月
被跟踪人：许同学，男，大三，环境工程专业	发朋友圈条数：96条

跟踪情况小结：
  该同学担任班级学习委员，乐观开朗，喜欢转发"心灵鸡汤"类的文章以及学习考试类的一些文件、程序等，他热心公益活动，在微信朋友圈多次转发一些"众筹"类信息，还曾在微信朋友圈为山区的孩子募捐。

编号：8号	跟踪时间：2018年1—6月
跟踪人：陈同学，男，大四，思想政治教育专业	发朋友圈条数：167条

跟踪情况小结：
  该同学幽默风趣，微信朋友圈发布的内容多半是搞笑、自嘲类的文字和图片。他还非常关注热点新闻，例如，"长江学者沈阳性侵事件"，他转发了好几篇相关文章。在2018年俄罗斯世界杯期间，转发了多篇励志性的评论文章，如《见证梅西和C罗的时代，我们很幸福》等。

编号：9号	跟踪时间：2018年1—6月
被跟踪人：庄同学，女，大三，园林设计专业	发朋友圈条数：127条

跟踪情况小结：
  该同学的微信朋友圈发布的内容多与其日常生活相关，极少关注社会热点问题，也很少转发评论性文章。该同学参加了"薄荷阅读"的英语学习俱乐部，每天都要到微信朋友圈签到打卡。

编号：10号	跟踪时间：2018年1—6月
被跟踪人：周同学，男，大四，思想政治教育专业	发朋友圈条数：123条

跟踪情况小结：
  该同学比较关心时事政治，在微信上也比较活跃，在朋友圈发布的内容多与社会热点问题相关，例如，中央的一些重要会议精神解读、习近平的一些重要言论等。除转发相关文章外，他还经常发表自己的评论和感想。对自己发展、学校发展、社会发展的情况有较深刻的思考和想法。还会在朋友圈转发各种讲座的信息。

后　　记

　　近年来，与移动互联网、数字化技术和智能手机的迅速发展相伴随，以微博、微信、微课、微电影、微公益等的广泛应用为标志，我们进入了"微时代"。"微时代"产生"微文化"。微文化鼓励个性精神的张扬，强调自主情感的表达，主张自我价值的实现，使人们拥有了更多的表达思想的空间，正日益成为当今社会一种新兴的、重要的文化形态。大学生是微文化的见证者和主要传播者。微文化的形成和发展，给大学生的学习、工作、生活、娱乐带来了丰富和便捷，同时，也对他们的价值观念和行为产生了深刻的影响，呈现出许多新变化、新动向。本书是本人关注"微文化对大学生价值观影响"的一个小小成果，也是笔者博士毕业论文的成果。

　　感谢我的导师魏则胜教授。蒙老师不弃，我成为魏老师晋升博导之后的第一个博士生。有幸成为魏门大师姐，我常常觉得很惶恐，总觉得自己做得不够好，没有给师弟师妹们带个好头。难以忘记，魏老师在繁忙的行政和教学工作之余，还抽出时间多次给我们组织"学术沙龙"，每次发言我都紧张到大汗淋漓。我更要感谢和佩服魏老师的是他对学术前沿的深刻洞邃和精准把握。在他的指导下，我喜获 2015 年国家社科基金的青年项目，这给予我科研之路极大地信心和鼓舞！本书的完成也凝聚着魏老师的心血，从题目到大纲，再到内容，魏老师殚精竭虑，指导我数易其稿，不断成熟和完善。他提出的修改意见常常让我醍醐灌顶，茅塞顿开。可以说，没有魏老师的指导，本书是无法完成的。非常感谢魏老师的悉心指导！

　　感谢导师组王宏维教授。可能是因为同为武汉大学校友的缘故，王老师从报考伊始就一直非常关心我的成长，每次我遇到学习上的困惑向她请教时，她都耐心地一一解答，亲切的话语常常让人如沐春风。感谢导师组陈金龙教授。有幸在读博期间聆听陈老师的授课，其授课深入浅出，精彩绝伦，尤其是陈老师儒雅的谦谦君子风采令人印象深刻！2017 年，陈老师喜获教育部"长江学者"称号，真是我们华南师范大学马克思主义学院的骄傲！感谢导师组刘卓红教授。刘老师不仅学问做得好，而且非常平易近

后 记

人。尤其是她性格开朗直爽，真诚待人，与我特别投缘。感谢导师组刘海春教授。刘老师年轻有为，虽身居要职，行政事务异常繁忙，但他仍然抽时间参加我们的论文开题、答辩等事宜，并提出很多宝贵的修改意见，非常感谢！

还要感谢华南师范大学马克思主义学院的关锋教授、张青兰教授、王学风教授、杨婷博士、王鹏博士等！还有我的同学、同事和学生们，他们协助我完成了论文的问卷调查和统计工作，在此一并谢过！

本书的顺利完成离不开家人的支持和付出！我要特别感谢我的父母，是他们尽心尽力地帮我带好小孩，才能让我全身心地投入论文写作中！感谢我的弟弟，身在千里之外的北京，虽不能经常见面，但一直关心着我的学习和生活！感谢我的先生，他在我写作博士论文期间承担了孩子上学的接送工作！感谢我活泼可爱的儿子，他的健康成长是我不断努力的动力和源泉！

"路漫漫其修远兮，吾将上下而求索"，在以后的日子里，我将以本书为新的起点，继续我的科研创作之路！

周静

2019 年 3 月